Paul Michael Meyer
Liebe Eltern,
die Schule ist nicht so

Paul Michael Meyer

Liebe Eltern,
die Schule ist nicht so

Zytglogge

2. Auflage 1990

Alle Rechte vorbehalten
Copyright Zytglogge Verlag Bern 1989
Lektorat: Willi Schmid
Umschlagfoto: Madeleine Ramseyer
Satz: BUGRA SUISSE, Wabern
Druck: Allgäuer Zeitungsverlag GmbH, Kempten
ISBN 3 7296 0327 2

Zytglogge Verlag Bern, Eigerweg 16, CH-3073 Gümligen
Zytglogge Verlag Bonn, Cäsariusstraße 17, D-5300 Bonn 2
Zytglogge Verlag Wien, Strozzigasse 14–16, A-1080 Wien

Inhalt

Vorwort 7
Vom richtigen und vom falschen Unglauben
   – Himmel oder Hölle / Sek oder Real 13
   – Vom Fünfer und vom Weggli 19
   – Der Schüler ist ein Fass 27
   – Verweilen können – Verweilen dürfen 35
Der andere Unterricht
   – Das Wochenprogramm 43
   – Meinungen der Schüler
     zum Wochenprogramm 53
   – Fragen der Eltern zum Wochenprogramm 56
   – Das Projekt 63
   – Das Jahresprogramm 86
   – Besucher schreiben «Schulberichte» 94
Einblick in die Lehrerbildung
   – Kontraste 103
   – Grundsätzliches 104
   – Zum Selbstverständnis der Lehrerin/
     des Lehrers 108
   – Vorläufige Schlussbemerkungen 117
   – Wo verlor Karl der Kühne den Mut? 119
Lernen und Angst
   – Die Angst der Eltern 125
   – Die Angst des Kindes 126
   – Und die Schule? 127
   – Zu Besuch im Blindenheim 131
Von der Unmöglichkeit, ein guter Lehrer zu sein
   – Lehrer werden – Lehrer sein 139
   – Angst 144
   – Schule, ein unmöglicher Arbeitsplatz 148
Schule / Eltern / Schulkommission / Demokratie
   – Schule und Demokratie 155
   – Wundermittel Schule 160

- Die Eltern und die Schule............. 164
- Film gerissen. Was tun, wenn reden nicht
  mehr hilft?....................... 170
- Die Schulkommission................ 176
- Mit Schwierigkeiten rechnen........... 185

Hintergründe
- Vom Machen und Werden............. 195
- Arbeiten ist schön,
  ich könnte stundenlange zusehn........ 201
- Alte und neue Werte................. 212

Kunst im Unterricht
Vom Ganzen und Schönen
- Kunst im Unterricht................. 225
- Von Poeten und felertöifeln........... 230
- «I cha nid dichte, drum tueni vo öppis
  anderem brichte».................... 234
- Lieber Heinrich Pestalozzi............. 249

Literaturverzeichnis...................... 254

... zum Wohle der Kinder

Unser Schulsystem ist, zumindest was die Lehrer betrifft, selbstreinigend: In der Regel weichen Primar- und Reallehrer, die es gewagt haben, ihren Unterricht lebendiger und humaner zu gestalten, nach wenigen Jahren in das Reservat der Heilpädagogik aus.
Ohne die störenden Erneuerer aber verharrt unsere Volksschule im fraglos Selbstverständlichen und wird mehr und mehr zum Ort der Unheilpädagogik.
Ja, man fürchtet sie, diese Erneuerer, diese Besserwisser. Neue Autos, neue Möbel, neue Kleider, neue Schokoladen bringen Abwechslung ins Leben und Fluss ins Geschäft. Neue Unterrichtsformen dagegen geben nur zu reden, bringen Unruhe ins Dorf: Eltern reklamieren, die Schulkommission hat Angst, beschwichtigt die Eltern, rügt die unbequemen Lehrer; die Kollegen hüllen sich in höfliches Schweigen, und nach dem zehnten Schlag auf den Kopf geben die Reformfreudigen auf.
Während sich also das kritische Denken, die frische Farbe in der Heilpädagogik sammelt, verblasst die staatliche Regelschule immer mehr, wird farblos, freudlos, grau in grau, ohne Feuer, ohne Utopie.
Kritische Eltern könnten auf der Stelle verzweifeln, gäbe es nicht doch immer wieder junge Lehrerinnen und Lehrer, und auch ältere Semester, die es, scheinbar wider alle Vernunft, wagen, am Festgefahrenen zu rütteln. Und wo auch diese Farbtupfer fehlen, bleibt immer noch der Weg in die alternativen Privatschulen – Steiner, Montessori –, falls das Portemonnaie solche Gedanken überhaupt zulässt.

Über das Los der Schwierigen, der Schwachen, der Behinderten wird viel nachgedacht, geschrieben, man

schenkt ihnen sehr viel Aufmerksamkeit, liebevolle Betreuung nach dem stets neusten Wissensstand. Das ist zweifellos gut und richtig.
Aber sollte es uns nicht auch zu denken geben, dass Primar- und Realschüler richtig neidisch auf die Klein- und Sonderklassen blicken?
«Was muss ich machen, damit ich zu Ihnen in die Kleinklasse kommen kann?» fragt mich eine Primarschülerin, weil es ihr bei mir so viel besser gefällt.
Was soll ich ihr antworten?
Hätten wir uns nicht längst gründlich fragen müssen, was an unserer Regelschule zu verbessern sei, damit sich auch all jene Kinder, die sich den Luxus auffällig zu werden, nicht leisten können, ebenso liebevoll und aufmerksam betreut fühlen, wie dies im Betrieb der Sonderklassen selbstverständlich ist?

Das «normale» Kind hat keine Lobby, sein Wohlverhalten wird mit selbstverständlicher Unachtsamkeit bedacht. Weil es sich so artig verhält, ist es einfach Schülerin oder Schüler; es lässt sich verwalten, einplanen; es ist auswechselbar; daher braucht man ihm keine besondere Aufmerksamkeit zu schenken.
Das ist himmelschreiend ungerecht.
Aus diesem Grunde spricht dieses Buch von den ganz «Normalen»; davon, dass jedes normale Kind ein besonderes Kind ist, das eine unverwechselbare, einmalige Persönlichkeit hat und als solche wahrgenommen und ernstgenommen werden will.

Unsere Staatsschule ist trotz all ihren Mängeln eine bewahrenswerte Errungenschaft: Generationen bewusster Bürger haben gekämpft um das Recht auf Bildung für alle. Aus dem *Recht* auf Schule ist im Laufe der Zeit eine Schul*pflicht* geworden.
Zu viele Lehrerinnen und Lehrer erkennen leider

nicht, dass diese Schulpflicht sie zu einem ganz besonderen Einsatz ver*pflichtet*.

Der Bäcker, der jeden zweiten Tag vergisst, den Brotteig zu salzen, wird seine Kundschaft verlieren.

Der Lehrer, der sich nur jeden zweiten Tag einigermassen ordentlich vorbereitet, wird deshalb am Ende des Quartals keinen einzigen Schüler verloren haben: die Kinder langweilen sich zwar, kommen müssen sie dennoch.

Dieses Buch richtet sich an Eltern, an Lehrerinnen und Lehrer, an die Schulbehörden auch.

Die Schule ist eine Einrichtung der Gemeinschaft und kann sich nur unter *gemeinschaftlicher* Anstrengung verbessern. Eltern und Behörden müssen mitziehen.

In diesem ständigen Dialog kommt es aber nicht darauf an, wer lauter brüllen kann, sondern wer mehr weiss. Wer die Anstrengung nicht scheut, sich dieses Wissen anzueignen, kann kompetent mitreden, wo andere nur mit längst überholten Vorstellungen und mit Vorurteilen zu Felde ziehen.

Wo immer der Sachverstand fehlt, beherrschen Vorurteile und Angst das Feld; jeder reisst irgendwie am Steuer, und zuletzt steht der Karren, wo ihn sicher niemand haben wollte.

In der Erziehungsarbeit ist Angst ein schweres Gift. Vorurteile hindern uns daran, die Dinge zu sehen, wie sie sind.

Dieses Buch will Mut machen allen Lehrerinnen und Lehrern, die gewillt sind, etwas zu unternehmen gegen das chronische Unbehagen ihrer lauwarmen Praxis gegenüber. Das Schöne, von dem das Buch erzählt, ist innerhalb der Staatsschule möglich.

Das Buch will Mut machen allen Eltern, die sich für ihre Kinder eine lebendige Schule wünschen; eine Schule, die anregt und nicht langweilt, die bildet und nicht stresst, und dies eben nicht irgendwo weit weg in einer

reformpädagogischen Privatschule, die die Kinder schon mit sieben zu Pendlern macht; nein, in der Staatsschule am Wohnort, – wenn einmal genug Eltern entdeckt haben, dass sie Lehrerinnen und Lehrer nicht nur bremsen können; dass sie ihnen auch Mut machen können, in der Schulstube das zu wagen, was in so vielen Lehrerköpfen als besseres Wissen seit Jahren schon bereitliegt.
Denn ja, liebe Eltern, die Schule ist nicht so.

P. M. M.

Vom richtigen und vom falschen Unglauben

Himmel oder Hölle / Sek oder Real

Der Alptraum eines Pyramidenerbauers. Er bekommt behauene Steinquader geliefert, genug für die ganze Pyramide. Alle Quader sind angeschrieben: «oben zu verwenden», «weiter oben zu verwenden», «ganz oben zu verwenden». Er beginnt zu sortieren: sehr viele für oben bestimmt, noch mehr für weiter oben, ein Riesenhaufen für ganz oben. Für unten findet er nur ein paar wenige Blöcke, für ganz unten einen einzigen. Da Pyramidenerbauer gehorsame Menschen sind, baut er nach Vorschrift, und die Pyramide kommt, wie er vorausgesehen hat, auf den Kopf zu stehen. Kaum ist der letzte Block eingesetzt, stürzt die Pyramide auf ihn zu ... – und der Pyramidenerbauer erwacht, schweissgebadet, ein Lehrer an einer bernischen 4. Klasse, kurz nach Neujahr, kurz vor der Sekprüfung seiner Klasse.
20 seiner 25 Schülerinnen und Schüler bestehen die Prüfung. Schon lange vor der Prüfung, termingerecht auf Ende Dezember, hat er seine Stelle gekündigt, denn er hat genug von soviel elterlicher Unvernunft. Wie hat er Eltern doch immer wieder darauf aufmerksam gemacht, dass es nicht damit getan sei, die Prüfung zu bestehen, dass man doch den ganzen Menschen sehen müsse und dann erst entscheiden, welche Schule dem Kind am besten entspreche, in welcher Schule es sich wohlfühlen, sich entfalten könne. Umsonst, alles umsonst.
Er hat sich bei einem Hilfswerk um eine Lehrerstelle im Tschad beworben und ist als Mann mit erfolgreicher Praxis auch gewählt worden.
Im Tschad erfährt er, dass man eigentlich nicht einen Lehrer brauche, sondern einen Schulinspektor. Also ist er nun Schulinspektor, bekommt einen Kreis in der

Grösse des Kantons Bern zugeteilt, dazu ein Auto und einen Fahrer. Er besucht die ersten Schulen, stellt fest, dass die Herren Lehrer, trotz beträchtlicher Hitze, Krawatte tragen. Noblesse oblige! Die Schüler lesen in ihrem französischen Geografiebuch über die Gletscher in den Alpen und wischen den Schweiss ab. Auf dem Feld neben der Schulbaracke hackt ein alter Mann allein im abgeernteten Hirsefeld. Als der Enkel von der Schule kommt, fordert der Alte den Knaben auf zu helfen. Der Junge aber mault bloss, er habe Hausaufgaben. Am nächsten Morgen muss er alle Gletscherabgründe (Bergschrund, Längsspalten, Querspalten, Randspalten) unterscheiden und benennen können und noch viel Wissenswertes mehr.

Der Schweizer Lehrer-Inspektor geht zu dem alten Mann, und der Alte erklärt ihm in gebrochenem Französisch seine Wut. Und was der Alte erzählt, kommt dem Schweizer irgendwie bekannt vor. «Alle wollen in die Schule, alle; lesen und schreiben lernen. Aber wozu? Wir haben keine Zeitung, keine Bücher, und aufschreiben müssen wir nichts. Die Jungen wollen nicht mehr arbeiten auf den Feldern, mit den Tieren. Sie wissen nicht mehr, wann die Hirse reif ist, sie wissen nichts mehr. Wovon wollen sie denn leben, wenn wir einmal nicht mehr da sind? Alle wollen nur noch saubere Hände und meinen, die Erde sei Dreck. Sie ziehen in die Stadt, wo der wirkliche Dreck ist; vornehme Häuser, breite Strassen, Autos und Bars. Alle gehen zur Schule, alle wollen etwas Besseres werden, weisses Hemd, Krawatte; deshalb ziehen sie in die Stadt. Sie können lesen, aber nicht schnell genug. Sie können schreiben, aber sie verstehen nicht, was sie schreiben sollen. Wenn sie Glück haben, finden sie eine Stelle als Gepäckträger, aber nur, wenn sie Glück haben.»

Ist Schule in jedem Fall besser als keine Schule? Ist ei-

ne höhere Schule immer besser als die Grundschule? Ich höre sagen: Wir können es uns nicht leisten, aus unserem Kind einen weltfremden Träumer zu machen. Ich höre sagen: Die Wirtschaft bestimmt Politik und Alltag. Wer sich den wirtschaftlichen Gegebenheiten nicht anzupassen vermag, steht auf verlorenem Posten. Ich höre sagen: Je höher die Schule, um so besser die Aussicht auf einen guten Beruf.
Aber was ist das denn, ein guter Beruf?
Leichte Arbeit, saubere Hände, grosser Lohn.
Wenn ich die magische Anziehungskraft der Sekundarschule miterlebe und dann erfahre, welchen Beruf die Angezogenen ergreifen, muss ich annehmen, Büros seien mindestens der Vorhof zum Paradies, wenn nicht gar das Paradies selbst. Ein Paradies mit EDV. O arme Eva! So entsinnlicht, so öde also ist das Paradies. Da liebäugelt man ja schon mit der Hölle.
Es ist die alte Angst um die Zukunft, die alle dazu treibt, um jeden Preis das Bessere, das Sicherere zu erreichen. Ellbogendenken. Aber setzen wir dabei nicht doch aufs falsche Pferd? Ist denn ein Prokurist so viel besser dran als ein Gärtner?
Ja freilich, Prokuristen verdienen mehr als Gärtner. Aber sind deshalb Prokuristen so viel glücklicher als Gärtner? Ginge es nicht darum, dass jeder jenen Platz in der Arbeitswelt sucht, an dem er sich wohlfühlt?
An wieviel schönen Arbeitsplätzen rennen doch unsere Jugendlichen vorbei, getrieben von ängstlichen und ehrgeizigen Eltern. Geblendet von trügerischen Werten kommen viele schliesslich an einen Platz, an den sie nicht hingehören.
Und übrigens: wovon gedenken wir eigentlich zu leben, wenn einmal alle in sauberen Büros sitzen und mit sauberen Händen Daten verarbeiten.

Dieser falsche Wettlauf beginnt spätestens im Kindergarten. Wenn die Kindergärtnerin vorschlägt, Corinne erst ein Jahr später einzuschulen, ist sie eine schlechte Kindergärtnerin, die nichts von ihrem Beruf versteht. Zumindest versteht sie Corinne nicht, ein so kluges und reifes Kind. Corinne wird, entgegen dem Vorschlag der Kindergärtnerin, eingeschult, damit sie nicht schon da ein Jahr *verliert*.

Kaum ist Corinne in der ersten Klasse, sprechen ihre Eltern schon davon, wie das dann sei, wenn Corinne in der Sekundarschule ist. Der schüchterne Hinweis der Lehrerin, Corinne werde sich in der Primarschule sicher besser entwickeln, ist ganz einfach eine Frechheit. Immer wieder begegne ich Kindern, die in die Sekundarschule gezwängt werden und dort mitgeschleppt werden, von einer gefährdeten Promotion zur nächsten. In der Realschule könnten sie sich locker und natürlich entwickeln, sie könnten stark werden.

Die Sekundarschule verlassen sie dann mit schäbigem Zeugnis als kleine Nichtse. Und was haben sie in ihrer Schulzeit gelernt? Schweigen, Rackern und Schlucken, alles mit dem einzigen Ziel, die Gunst des Vorgesetzten nicht zu verlieren. Feiglinge und Leisetreter hat man aus ihnen gemacht; und sie hätten doch blühende Persönlichkeiten werden können.

Und hier noch der Schluss unserer Tschad-Geschichte. Der Schweizer Inspektor erkennt, dass Schule, wenn sie am falschen Ort das Falsche lehrt, nur Schaden anrichtet. Statt bei der jahrtausendealten dörflichen Tradition des Lernens anzuknüpfen, hat man aus Unwissen, Eitelkeit und kolonialistischem Erbe, eine orts- und kulturfremde Papierschule eingerichtet. Das traditionelle Lernen ist abgebrochen, und die Papierschule hat ihr fragwürdiges Ziel nicht erreicht, weil sie auf halbem Wege steckengeblieben ist.

Der Schweizer Inspektor entschliesst sich zu einer mutigen Korrektur. Er beschliesst nach einigen Absprachen, das Schulprogramm mit Feldbau zu ergänzen, um so wenigstens einen Teil jenes Lernens zu retten, das ein Überleben der bestehenden Selbstversorger-Kultur ermöglichen könnte. Er schickt seinen Plan nach Bern. In Bern stimmt man ihm zu, doch aus den Schul*feldern* werden nach schweizerischer Denkart Schul*gärten*. Was dies bedeutet, erfährt er kurze Zeit später.

Ein Flugzeug voll Material trifft im Tschad ein: Gartenwerkzeug und Saatgut (Spaten, Schaber, Kräuel, Rechen, alles mit schlankem Stiel, und Stangenbohnen, Kopfsalat, Spinat und Nüsslisalat, Gurken und was in einem rechten Schweizer Schulgarten eben so anzutreffen ist).

Nun ja, unser Inspektor versucht, das Beste daraus zu machen. Die schwarzen Lehrer greifen äusserst lustlos zum Spaten. (Wozu ist man denn Lehrer geworden!) An Hacken und Kräueln bricht der Stiel schon nach den ersten Versuchen entzwei, denn der Boden ist hart, der Stiel an den einheimischen Werkzeugen aus diesem Grunde dick und kurz. Der Kopfsalat leidet an Sonnenstich, verträgt die Hitze nur unter äusserst sorgfältiger Obhut, und gerade diese Sorgfalt ist nicht zu erreichen. Man vergisst zu begiessen, wo dies im erforderlichen Mass überhaupt möglich wäre. Die Lehrer entschuldigen sich, sie sind freundliche Menschen. Aber durch Entschuldigungen gedeihen weder Hirse noch Stangenbohnen, auch die bewährte Sorte «Berner Landfrauen» nicht.

Nach zwei Jahren kehrt unser Schweizer Lehrer nach Bern zurück. Er hat sein Möglichstes getan.

Vom Fünfer und vom Weggli

An schwarzen Tagen habe ich als Lehrer den Eindruck: nichts ändert sich, nichts hat sich geändert. Meine Schüler sind «fertig», ihr Gedankengebäude alt und festgefügt. Alle wissen besser als ich, was Schule ist, was Schule zu sein hat. Die Schule: ein unendlich plumper Kahn, die Lenkung blockiert, das Ganze im Trüben aufgelaufen und nur noch scheinbar in Fahrt. Es wechselt die Mannschaft, der Kapitän, es wechseln die Passagiere, aber eigentlich ist es doch immer dasselbe. Alle gehen an Land, wo sie vor Jahren an Bord gekommen sind. Viel Lärm, Russ und Gestank, aber keine Bewegung. Also Fenster auf!
Frische Luft wenigstens.
Und du träumst doch immer wieder von einer Schule, die Wegbereiter ist für eine offenere, friedlichere Gesellschaft. Und ich greife mir an den Kopf. Noch da? Ja, noch da.
Dann lege ich die zwei Fotos nebeneinander: Schule Gurbrü, die Aufnahme von 1915 und die Aufnahme von 1985. Ich betrachte sie lange, und das Gefühl, das sich einstellt, heisst Trost. Ich spüre die Hoffnung wachsen, dass alles Bemühen doch nicht ganz umsonst ist. Der Weg vom alten zum neuen Bild macht mir Mut.
Hätte ich zukünftige Lehrer in Pädagogik zu unterrichten, würde ich ihnen dieses Bildpaar vorlegen und sie bitten, eine vergleichende Arbeit zu schreiben. Und da es für den Lehrer gut ist, selber zu tun, was er von seinen Schülern verlangt, will ich es gleich als erster versuchen.
(Sie können sich nun das Lesen meiner Betrachtung ersparen und sich um so aufmerksamer die Fotos anschauen. Ihre eigenen Beobachtungen sind wichtiger als meine.)

Aus beiden Bildern ist klar ersichtlich, dass die Klassen eigens zu dieser Aufnahme so gruppiert worden sind. Auf dem alten Bild stehen aber Fotograf und Fotografierte ganz ungebrochen zu dieser Künstlichkeit, sie haben Übung im Reih-und-Glied-Denken. Auch für die jüngere Aufnahme sind die meisten Plätze zugewiesen worden, doch an seinem Platz nimmt jedes je eine eigene Haltung ein; wer nichts Besseres weiss, macht Faxen. Nicht vorzustellen, dass auf der Aufnahme von 1915 eines absichtlich Faxen gemacht hätte. Die einzige Faxe ist, wenn schon, die allgemeine Uniformität in Haltung und Ausdruck. Die Herren der Schöpfung, halbwegs in Habtachtstellung, krönen in zwei Reihen das Gruppenbild von 25 Knaben, 23 Mädchen und ihrem Lehrer; Mädchen und Knaben säuberlich getrennt, alle im Sonntagsstaat. Der Fotograf kommt! Die Haare der Knaben, wie zum Examen, kurz geschnitten. Ausnahmslos alle schauen, bestimmt auf Geheiss, ins Auge der Kamera.

Jede Bewegung ist verboten. Wer sich bewegt, kommt verschwommen aufs Bild und verdirbt so die ganze Aufnahme. Und wer weiss, ob der Fotograf, jetzt während des Krieges, ausser der Fotoplatte, die im Kasten unter dem schwarzen Tuch steckt, überhaupt noch eine zweite zur Verfügung hätte. Die Blicke wirken zu einem grossen Teil abweisend, misstrauisch, finster, die Gesichter verschlossen, starr wie die Haltung des ganzen Körpers. Zucht und Ordnung stehen allen auf den Leib geschrieben. Welche Not da und dort! Nur schwach lässt sich, vor allem bei Jüngeren, etwas aus ihrem Inneren erahnen. Man hat bereits gelernt, Gefühle zu verbergen, zu beherrschen, sich nicht wichtig zu nehmen. So stauen sich die Gefühle, bis sie plötzlich hervorbrechen, in gehässigen Worten, in Schlägereien, dass Haare fliegen und Blut fliesst, denn die Raubtiergebisse der Nagelschuhe sind zünftige Waffen. Ob wohl das pfiffige Bürschchen links unten hinter seinem mächtigen Schnellverband die Spuren des letzten Gefechts verbirgt? Das Verkniffene, Harte, in einigen Mädchengesichtern gar Böse, lässt die Kinder älter erscheinen als sie sind. Alle stehen sie mit dem Rücken zur Wand, zur Schulhauswand; Schuppentäfer, die Aussenhaut des Ungeheuers Schule, in dessen Magen Kinder zu Erwachsenen verdaut werden, mit der Magensäure Angst und Langeweile; auch dort aufgereiht in langen Bänken, ohne Ellbogenfreiheit: lesen, rechnen, schreiben; abschreiben von der winzigen Tafel, auswendiglernen. Lehrer Büttikofer sei ein strenger Mann gewesen. Man sieht es. Doch alleine hätte er dieses Erziehungswerk nicht vollbracht; er führte nur fort, was zu Hause schon galt. Da gab es kein Entrinnen. Da sitzt er in der Mitte, er ist das Zentrum, von ihm geht alles aus, zu ihm kehrt alles zurück. Ausser Singen und Turnen gibt es keine Gemeinschaftsaktivitäten. Lauter einzelne stehen und sitzen da, aufgereiht wie Kunstperlen an der Schnur. Vorsagen ist streng verboten; wenn eines etwas lustig Falsches sagt, kichern die andern hinter vorgehaltener Hand.

Doch so sicher sitzt er gar nicht da, der Lehrer, in leichter Schrägstellung, als müsste er plötzlich aufstehen und die Flucht ergreifen können.

2. Dezember 1915. In Europa wütet der Krieg, die Väter sind an der Grenze, bauen Unterstände und heben Schützengräben aus, auch die Pferde sind zum Teil eingezogen worden. Lehrer Büttikofer ist einer der wenigen Männer des Dorfes, die nicht im Dienst sind, er wirkt zu Hause am Wohl des Vaterlandes, unterrichtet in zäher Kleinarbeit die Dorfjugend, richtet sie aus.

Auch der Lehrer von 1985 hat einen Schnauz, zufällig.

Sonst gibt es hier wenig Gemeinsames. Zwar trägt auch er dunkle Kleider und steht in leichter Schrägstellung zur Kamera, doch hier der Klasse zugewandt. Uniformität in Kleidung und Haarschnitt bei den Kindern gibt es nicht mehr. Sie haben auch nichts Besonderes angezogen zu diesem Anlass. Armut, die man mit Sonntagskleidung notdürftig verbergen konnte, gibt es da nicht mehr. Das Schulhaus ist jetzt weiter weg und wird höchstens noch von einzelnen als Ungeheuer empfunden. Die Schule hat sich geöffnet. Da ist nichts mehr sichtbar von diesem ungeheuren Anpassungsdruck. Auch die Gesichter sind offener; man lächelt, man lacht, und bei einigen gerät das Lachen in dieser seltenen, künstlichen Situation zur Grimasse. Die Kinder getrauen sich, das Maul aufzumachen, die Zähne zu zeigen, nicht nur vor dem Fotografen, und auch im übertragenen Sinne. Immer noch dominieren Herren das Bild, aber die Krone ist schartig, und beinahe bedauernswert wirken die zwei in ihrer einsamen Höhe. Mädchen und Buben stehen auch da noch ziemlich separiert, obwohl sicher nicht so angeordnet. Die Grenzen sind aber doch durchlässig, und es gibt nicht mehr ein Oben und Unten, sondern ein gleichwertiges Nebeneinander. Der Lehrer, auch das ist nicht zufällig, thront nicht mehr inmitten seiner Vasallen, sondern steht am Rande. Ich bin so sicher, weil ich dieser Lehrer bin.

Es hat sich also Wesentliches geändert, gebessert, in den siebzig Jahren, Welten scheinen da untergegangen zu sein, Neues ist gewachsen.

Manches an diesem Neuen ist vielleicht nur Schein, nur Oberfläche, doch ein Rest echter Entwicklung steht dennoch fest und macht uns Mut, daran weiterzuwirken.

Zwischen den abgebildeten Generationen lebt und wirkt auch die Elterngeneration der Kinder von 1985. Sie, die Eltern, beurteilen und bewerten den festgestellten Wandel der Schule recht unterschiedlich. Auch ein Grossteil dieser Elterngeneration erinnert sich noch lebhaft an die Schulangst: die Angst, nicht zu genügen; die Angst, aus dem Rahmen zu fallen; die Angst, der Willkür des Lehrers ausgeliefert zu sein; die Angst vor Strafen. Sie alle wissen es sehr zu schätzen, dass ihren Kindern diese zermürbende Angst erspart bleibt, dass sie sich vor dem Lehrer nicht mehr zu fürchten brauchen, dass sie sich freier bewegen, den Erwachsenen offener begegnen können.

Die Schüler sind freier, ja. Und weil sie frei sind, liegt jederzeit auch der Missbrauch der Freiheit drin. Denn (Achtung Merksatz!): Freiheit ohne Möglichkeit, diese Freiheit zu missbrauchen, ist keine Freiheit. Wir kennen den guten Weg A und die schlechten Wege B und C. «Dass mir ja nicht eines B oder C wählt, sonst . . .!!!» Das ist nicht Freiheit, das ist Diktat.

Wenn also Daniel auf der 85er-Foto Faxen und Grimassen macht, ist das schade für das ganze Bild. Aber er hat das nun mal so gewollt. Die andern – und nicht etwa der Fotograf oder ich – haben ihn dann auch entsprechend gerügt.

Wenn einer bei einer Gruppenarbeit, fern vom Lehrer, nur stört, ist das zwar nicht gut, aber er hat nun mal gestört. Wenn in einer andern Gruppe ein Mädchen, nur weil es ein Mädchen ist, nichts zu sagen hat, ist dies bedauernswert, und wir wollen daran arbeiten, dass es besser wird, aber vorläufig ist es eben noch so.

Wenn eines, weil man schon lange vor Schulbeginn in der Schule sein darf, bei einem etwas zu wilden Spiel die Töpferarbeit eines andern kaputtmacht, ist dies traurig, und es wäre nicht passiert, wenn ich ein ordentlicher Lehrer wäre, das Klassenzimmer abge-

schlossen und erst fünf Minuten vor Schulbeginn wieder aufgeschlossen hätte.
Wenn... Wenn... Wenn...
Und wer listet eigentlich die ungezählten vielen schönen Ereignisse auf, all das Schöne, das ohne diesen erweiterten Freiraum auch nicht möglich gewesen wäre?!
Eltern sind diesbezüglich, ohne böse Absicht, oft wie Zeitungen: Sie nehmen vor allem das Negative wahr. Würden wir uns nämlich nur auf die Zeitungen verlassen, müssten wir annehmen, das Weltgeschehen bestehe zu mehr als 90 Prozent aus Gewalt, Habgier, Intrige und Verbrechen.

Dass überall, wo Menschen Menschen begegnen, also auch in der Schule, sich ab und zu Böses, Gemeines, Bedauernswertes ereignet, ist leider selbstverständlich. Dass dieses Böse im Leben einer Klasse aber eben bloss einen winzigen Teil ausmacht, wird meist übersehen.
Ich denke an Alain, ein Scheidungskind, das durch das plötzliche Weggehen seines Vaters vollkommen aus seiner Bahn geworfen wurde, von da weg sehr reizbar war und bei Konflikten in der Schule entweder mit Davonlaufen oder massiven Tätlichkeiten reagierte. So schmiss er einmal den schweren Locher durchs Zimmer, traf zum Glück keinen Mitschüler, aber ein Pult, wo das Werkzeug eine Kerbe hinterliess. Diese Kerbe wurde dann tatsächlich offiziell durch den Gemeinderat besichtigt und gab darauf im ganzen Dorf zu reden.
Man sah die Kerbe.
Man sah nicht, wie viele Stunden ich mit dem kleinen, verzweifelten Wüterich schon mit Erfolg gearbeitet hatte. Man sah nicht, wie die meisten der Klasse mir geholfen hatten, diesen schwierigen Mitschüler zu tragen.

Man wollte gar nicht hören, dass es, trotz der Kerbe im Holz, von Woche zu Woche ein wenig besser ging.
Man sah nur die Kerbe.
Man wollte Alain weghaben, in der Sonderklasse, in einem Heim; eigentlich egal wo, nur weg, einfach weg; und ich musste mich mit Händen und Füssen wehren, dass man dies gar nicht erst versuchte. Denn Alain war ein liebes Kind, normal begabt und ebenso fähig zur Zusammenarbeit wie alle andern auch, bloss damals für einige Zeit nicht, weil er doch so traurig war, so hilflos, so verzweifelt. Jetzt lernt er Maurer, und wenn einer von einer Baustelle durch all den Arbeitslärm hindurch laut und fröhlich «Salü» ruft und dazu mit dem ganzen Körper winkt, dann ist es Alain. Und ich weiss dann wieder, dass er ein guter Maurer wird, wie er ja auch ein guter Mensch ist.
Ich meine also: Es gibt Situationen, in denen Eltern, ohne es offenbar zu merken, in ihren Ansprüchen an die Schule masslos sind.
Die neue Offenheit ist zwar gut, aber im Notfall ist die alte Härte doch besser. Man hat es ja schliesslich am eigenen Leibe erfahren, man ist mit einer gewissen Härte erzogen worden, und es ist ja doch gut herausgekommen: man hat gehorchen müssen, basta.
Aber gleich beginnen die Väter zu erzählen, welche Streiche sie ihrem Lehrer seinerzeit gespielt haben: von hinten die weisse Berufsschürze mit Tinte bespritzt, immer wieder; Zucker in den Benzintank seines Töffs geworfen; eine Ohrfeige postwendend zurückgegeben; den Lehrer im zweiten Stock des Schulhauses kopfvoran zum Fenster hinausgehängt...
Und wenn auch nur die Hälfte wahr ist, bleibt immer noch dicke Post zurück, die heute mindestens die Schulkommission, wenn nicht gar Polizei und Jugendanwaltschaft auf den Plan rufen würden.
So gesellt sich also zur Masslosigkeit, die das schöne

Neue selbstverständlich, aber selbstverständlich ohne gelegentliche Misstöne, wünscht, da und dort noch eine tüchtige Portion Scheinheiligkeit.

Ich denke, das gesellschaftliche Leben lässt sich mit einem Pendel vergleichen. Das Pendel schwingt hin und her zwischen Gut und Böse. Ohne die böse Tat ist auch die gute Tat unerreichbar. Wir versuchen den Ausschlag ins Böse zu stoppen und vergessen, gleichzeitig den Ausschlag zum Guten anzutreiben. Daher schlägt das Pendel beidseitig immer schwächer aus. In der Mitte zwischen Gut und Böse liegt die Bravheit. Falls das Pendel zum Stehen kommt, haben wir die Situation tödlicher Bravheit erreicht.

Der Schüler ist ein Fass

Alt und weit verbreitet ist die Vorstellung, der Schüler sei ein Fass. Zu Beginn der Schulzeit ist das Fass leer, und am Ende der Schulzeit sollte es voll sein. Die Aufgabe der Schule ist es also, das Fass zu füllen, mit Stoff, mit brauchbarem Wissen. Erstklässler haben noch ein geringes Fassungsvermögen. Platz finden da bloss ein bescheidener Wortschatz und die Zahlen eins bis zwanzig. Doch mit dem Körper wächst auch das Fassungsvermögen, daher sollte eigentlich während der ganzen Schulzeit stets Platz für Neues vorhanden sein. Statt Fass könnte man ja auch Büchse, Dose oder Behälter sagen, oder noch schöner: Gefäss. Jedenfalls ist diese Vorstellung auch bei Lehrerinnen und Lehrern sehr beliebt, weil sie auch sehr bequem ist: nach dieser Vorstellung besteht die Aufgabe des Lehrers ganz einfach darin, den im Lehrplan vorgeschriebenen Stoff in Portionen einzuteilen und dann wohlgeordnet lektionsweise in die Schüler abzufüllen, mit mehr oder weniger handwerklichem Geschick, das heisst: im Bemühen, beim Abfüllen möglichst wenig zu verschütten. Daher werden mit Vorteil Trichter verwendet, der Stoff also eingetrichtert, denn erfahrungsgemäss ist auch bei den geräumigsten Fässern das Spundloch eng. Deshalb ist ja die Aufgabe des Lehrers zwar eine dankbare, aber auch eine schwierige.
Diese Vorstellung kann sich auch heute noch gegen besseres Wissen durchsetzen, weil sie dem herrschenden materialistischen Denken in Wirtschaft und Industrie fugenlos entspricht. Was dort Arbeitskraft ist statt Mensch, ist hier Speicher statt Kind. Die quicklebendigen Kinder sind Rohlinge, zu deren Bearbeitung wir viel investieren, nicht Geld, sondern Stoff; in der Hoffnung, diese Einlage werde sich später bezahlt ma-

chen in Form kompetenter Arbeitskraft.
Der Pädagoge Paulo Freire bezeichnet diese Denkart daher als «Bankierskonzept». Der Schüler ist dabei das «Anlage-Objekt», der Lehrer der «Anleger».
Und so beginnt, liebe Eltern, mit dem ersten Schultag der gnadenlose Missbrauch des Menschen durch den Menschen; hier der Missbrauch des Schülers durch den Lehrer. Aus liebevoller Fürsorge für Euer Kind unterstützt Ihr Lehrerinnen und Lehrer in diesem grausamen Spiel. Aus Angst vor dem Unbekannten nötigt, ja zwingt Ihr ausgerechnet jene Lehrerinnen und Lehrer, die ihren Unterricht menschlicher gestalten, zur vertrauten Praxis des gnadenlosen Wettbewerbs zurückzukehren. Habt Ihr denn schon vergessen, dass Euer Kind ohne jeden Zwang, ganz allein aus sich heraus gehen und sprechen gelernt hat? Habt Ihr nicht in tausend Begebenheiten, schönen und hässlichen, erfahren, dass ein Kind alles andere ist, als eine passive, willenlose, formbare Masse, die nun als Schüler alles schlucken, nichts verlieren und auf Aufforderung hin gezielt wieder ausspucken soll?
Doch immer noch gilt diese Eintrichter-Schule als gute Schule, als die Schule mit dem höchsten Wirkungsgrad und den geringsten Verlusten. In diesem Unterricht gilt: je willensschwächer der Schüler, um so grösser der Erfolg. Wir möchten alle, dass unsere Kinder anständig werden, in dieser Schule aber werden sie nur brav. Bravheit ist ein tödliches Gift.

Viele Eltern stellen fest, wie die Schule in ihren Kindern Trägheit, Lust- und Appetitlosigkeit aufkommen lässt; aber das weiss man doch schon lange, Schule ist eben so. Viele Eltern stellen fest, wie ihre Kinder widerspenstig reagieren auf alles, was irgendwie nach Schule riecht; aber das kennt man doch schon lange, Schule ist eben so. Es ist die Schule, die man kennt, die

einzig denkbare. Wo Licht ist, ist auch Schatten, sagt man, es ist trotz allem eine gute Schule.
Aber wie verhält es sich denn eigentlich mit der Güte, mit dem Wirkungsgrad dieses Abfüll-Betriebes?
Die wohlgeordnete Oberfläche täuscht gewaltig.
Schauen wir genauer hin, fällt bald auf, dass die Lernerfolge des Trichter-Unterrichts doch sehr bescheiden sind, seine erzieherische Wirkung eine schleichende Katastrophe ist.
Denn:
Selbst der autoritärste Unterricht, der die Kinder einschüchtert und zum Schweigen und Stillsitzen zwingt, vermag nicht mehr vorzutäuschen, die Schüler seien eine gefügige, willenlose, von Lehrerveranstaltungen abhängige Masse. Die Tatsache eben: Kinder wissen in der Regel genau, was sie wollen, oder zumindest, was sie nicht wollen; was sie mögen und was sie weit von sich weisen.
Gerade Kinder mit ausgeprägter Persönlichkeit verschwenden oft ihre ganze Kraft, um sich gegen die Forderungen der Schule zu wehren, nicht etwa, weil ihnen dies besonders Spass machen würde, sondern weil die Schule durch ihr falsches Menschenbild sie dazu zwingt.

Oft genügt es auch schon, sich die Klagen im Lehrerzimmer anzuhören, um Argumente gegen den Trichter-Unterricht zu gewinnen.
Kollegin A: Da komme ich mit meinem Stoff, gut vorbereitet, anschaulich, sogar spannend. Aber was geht davon in die Köpfe meiner Klasse. Nichts, rein nichts. Ja gut, ich verstehe sie ja: ihre Köpfe sind längstens voll, sie überlaufen schon am Montagmorgen, die Welt hängt ihnen zu allen Löchern heraus, wie sollte da noch etwas von meinem Schulstoff hinein. Und wozu auch: voll ist voll.

Kollege B: Wenn ich 30 Jahre zurückdenke; da konnte ich etwas sagen, die Schüler schnappten es auf; nach einer Woche konnte ich danach fragen und es war noch da. Die Fässer waren noch dicht, versteht ihr. Heute sind alle leck oder haben überhaupt keinen Boden mehr. Da schüttest du hinein und hinein, immer mehr, aus vollen Rohren, du kotzt dich aus, erklärst alles fünfmal und am nächsten Morgen wollen sie von allem nichts gehört haben. Voilà.

Die Kinder werden stets so, wie wir sie sehen. Sehen wir sie als lecke Fässer, werden sie zu lecken Fässern. Könnte Kollege B seine Kinder als verängstigte, desorientierte und verunsicherte Menschen sehen, wäre er auf dem besten Wege, ein guter und zufriedener Lehrer zu werden. Gelänge es ihm sogar zu sehen, dass die Kinder so verunsichert sind, weil man sie immer wieder in ihrem selbstverständlichen Lernen gestört hat, wäre er bereits ein hervorragender Lehrer.

Also, wir kommen nicht darum herum:
a) Der Mensch lernt nur, was er lernen w i l l .
b) Lernen hat fast stets einen äusseren Anreiz, ist aber als Vorgang ganz in der Regie des Lernenden selbst.
c) Nur arbeitend lernt der Mensch. Lernen ist Aktion, nicht Reaktion.
d) Ein Lehrvorgang, bei dem nur der Lehrer aktiv ist, kann von vornherein als nutzlos eingestuft werden.

Zu a) Der Mensch lernt nur, was ihn wirklich betrifft, was ihn betroffen macht. Alles andere ist nur Ballast, denn wie unvorstellbar vieles könnten wir auch noch wissen und können. So trifft in dieser Fülle jeder seine Wahl, erschafft sich seine Welt, in deren Zentrum er selber steht. Von diesem Zentrum aus wird die äussere Welt erkundet, erfragt.

Klein Anna:
- Warum hat der Baum einen Schatten?
- Weil die Sonne scheint.
- Warum scheint die Sonne?
- Weil jetzt Tag ist und schönes Wetter.
- Warum ist schönes Wetter?

Und wenn sie Lust an diesem Spiel haben, können Sie so weiterfahren, endlos. Sie können das Spiel aber auch durchschauen und die Fragekette wahrscheinlich schon mit einer ersten Antwort für Anna zufriedenstellend beenden.
Also noch einmal:
- Warum hat der Baum einen Schatten?
- Damit Anna, wenn es heiss ist, sich in den kühlen Schatten setzen kann.

Aha. Keine weitere Frage. Der Fall ist klar.
Mit zunehmendem Alter werden zwar die Bezüge komplexer, indirekter, doch die Grundregel bleibt: Ich lerne nur, wo ich betroffen bin, wo Fragen, die meine Welt tangieren, zu meinen Fragen werden.

Zu b) Ohne äusseren Anlass, ohne originale Begegnung lerne ich nicht. Es ist erschreckend, in welchem Masse Kinder heute mit Surrogaten, mit Ersatzstücken für echtes Leben abgespeist werden. Die Erstklässlerin Tina wird durch das elektronische Piepsen geweckt statt durch Worte und Berührung von Vater oder Mutter, zum Frühstück Popcorn statt Brot, in der Schule einige Arbeitsblätter über Körperbehinderungen, vielleicht sogar ein Film anstelle eines gemeinsamen Tages mit einer Klasse des nächsten Behindertenheimes; zu Mittag rasch etwas aus der Büchse, dem Alubeutel und weiter so bis zur Tonbandkassette, mit der Tina einzuschlafen pflegt. Von A bis Z ein Leben aus der Büchse für Menschen, die man behandelt wie Büchsen. So die tägliche Flut an Reizen; Reize, die zer-

stören statt aufbauen, weil wir die kindliche Neugier mit Büchsenfutter stillen wollen.
Eigentlich hatte Tinas Lehrerin tatsächlich einen Besuch im Behindertenheim vorgesehen und ihn daher am Elternabend vorgeschlagen, doch eine Mutter meldete Bedenken an und ein Vater fragte, ob sie dann mit dem Stoff durchkomme, wenn sie einen ganzen Tag für dieses Thema verwende. Und da die Lehrerin dies alles auch schon gedacht hatte, verzichtete sie dann doch auf den Besuch im Heim zugunsten der zeitsparenden Arbeitsblätter plus Film.
Dass das Leben selbst Lernanreiz in gutem Masse bietet, sollten wir aus der gigantischen Lernarbeit der Vorschulkinder doch eigentlich erfahren haben. Die Eigenentwicklung des Kindes behindern wir nur da, wo wir aus ängstlicher Fürsorge künstliche Gebärmutterwände um unsere Kinder aufstellen: die überängstliche Mutter mit ihrer Wohnungsschutzhaft für ihre Kinder, das Schulzimmer dann mit schallisolierten Fenstern und Tür, Wohnungsknast, Schulknast; auch da wieder Büchsen, hermetisch verschlossen, das Leben darin konserviert, aber wozu? Wo sind die Büchsenöffner? Wo und wie setzt man sie an?
Fritz Widmer, Lehrer am Kindergärtnerinnenseminar Marzili in Bern, hat festgestellt, dass die Seminaristinnen unmittelbar nach den Jugendunruhen um das Freie Land Zaffaraya im Durchschnitt lebendigere, differenziertere und auch längere Texte geschrieben haben als vor den Unruhen. Da ist eine grosse Büchse aufgebrochen worden. Die Entsinnlichung unserer Umwelt, die lückenlose Verplanung unseres Lebens weckt Sehnsucht nach dem einfachen, selbstbestimmten Leben, zu dem wohl nur noch sehr wenige imstande wären, denn der Verlust elementarer Erfahrungen schränkt die Räume, in denen Lernen möglich ist, drastisch ein oder bringt sie gar ganz zum Verschwinden.

Auf diese Verluste hat die Schule noch kaum reagiert oder wenn sie reagiert, dann eher in der falschen Richtung.

Zu c) und d) Wirkliches Lernen geschieht im stillen, Lernen ist ein Akt der Innenwelt, nichts für Zuschauer, allein für Akteure.
Da zeichnet Barbara einen massstabgerechten Plan der Grasburg, die die Klasse anlässlich einer Exkursion ausgemessen hat. Roger macht eine Kohlezeichnung der Ruine nach einer eigenen Skizze; Erwin erfindet mit Hilfe der Rechenwaage Gleichungen; Jürg und Adrian diskutieren über ihren Geschichtsauftrag. Marlène liegt bäuchlings auf dem Ofen, liest einen Text und macht sich ab und zu Notizen; Manuel schreibt seinen Freien Text ins Klassenbuch und ich arbeite mit Nicole einen Deutschauftrag, den sie nicht selber zu bewältigen vermöchte, durch. Es wird gearbeitet, überall; aber zum Zuschauen: stinklangweilig.
Viele Kolleginnen und Kollegen besuchen uns während des Unterrichts und finden es gar nicht langweilig, weil sie gleich spüren, wie viel Leerlauf wir uns ersparen. Es gibt aber einen einzigen Tag im Jahr, an dem unsere Arbeitsweise der altbekannten, wohlvertrauten entspricht. Da referiere ich, stelle Fragen, die Schüler antworten, ich referiere weiter, lasse zusammenfassen ... kurz, ein Tag an dem ich unterrichte, wie die meisten Eltern sich Unterricht vorstellen, ganz normale Schule also: der Lehrer redet, die Schüler sollten zuhören; der Lehrer agiert, die Schüler reagieren. Der Tag der offenen Tür. Lernertrag dieses Tages: unterdurchschnittlich, ein Tag aber, an dem es etwas zu sehen, zu hören gibt, ein Tag für Zuschauer, nicht ein Tag für Lernende. Frontalunterricht heisst diese Arbeitsform in der Fachsprache. Ein klarer Begriff: es gibt da zwei Fronten, ein Einzelkämpfer steht

der Front der Schüler gegenüber. Es gibt, wie heute in jedem Krieg, keine Sieger mehr, nur Verlierer; es läge für beide Seiten mehr drin.

Selbstverständlich kann man auch einer Vorlesung tätig folgen, lernend mitdenken. Doch gerade das schöpferische Zuhören will gelernt, will geübt sein. Aus pausenloser Überfütterung aber lernen wir es nie. Für Grundschüler, die man im Frontalunterricht durch gelegentliche Fragen zum Mitdenken nötigen möchte, gilt doch eher die Regel, dass der Lernertrag sehr minim bleibt, weil das Reagieren auf überraschend gestellte Fragen kein nachhaltiges Lernen garantiert.

Verweilen können – verweilen dürfen

Fragen wir einen Handwerker, zum Beispiel einen Steinhauer, woran er im Augenblick arbeite, wird er gleich einen Ort oder einen Gegenstand nennen; den alten Stadtbrunnen von Laupen vielleicht. Er wird sagen können, wie lange er schon daran arbeitet und wie viele Wochen er noch an diesem zu tun haben wird; er wird wohl auch gleich erzählen, was das Besondere an diesem Objekt sei, das Schwierige, das Schöne, das Einmalige; welche Teile er ersetzen muss, woher er den Stein bezogen habe, welche kleinen Änderungen er vornehme, um den Brunnen stilecht in wahrscheinlich ursprünglicher Form wiederherzustellen... Es wird ihm leichtfallen zu berichten, er braucht, was er erzählt, nicht weither zu holen, denn während Wochen gilt seine Aufmerksamkeit, sein handwerklicher Einsatz, diesem einen Gegenstand, diesem Brunnen.
Fragen wir einen Schüler der Oberstufe, woran er in der Schule im Augenblick arbeite, wird er vorerst überlegen, suchen müssen: Dann wird er von Fach zu Fach wechselnd aufzählen, was man eben «durchgenommen» habe, oder er wird sich die Mühe des Suchens ersparen und unsere Frage pauschal beantworten: immer das gleiche.
Ja, wirklich: Die Schüler haben sich stets mit allem möglichen zu befassen, jedoch nie auf die Dauer und nie mit der Gründlichkeit des forschenden Geistes; von Lektion zu Lektion, von Fach zu Fach wechseln die Themen, und innerhalb jedes Faches wechseln die Themen von Woche zu Woche, denn es muss ja so vieles durchgenommen werden.
So zieht der Stoff am Kind vorüber wie die Landschaft während des viel zu langen Wochenendausflugs der Familie: Jeder Ausschnitt der rasch wechselnden

Landschaft lädt zum Verweilen, zum Geniessen, zum Spielen und Entdecken ein; doch Vater gibt Gas, er will nach Dort und nicht nach Hier, und kaum haben die Kinder im Fond des Wagens den Wasserfall mit dem schmalen Brücklein gesehen, ist alles schon wieder weg, vorbei, und gerade durch die Fülle der Eindrücke, die vermeintlich als Garantie für Abwechslung gilt, stellt sich das Gefühl der Monotonie ein: Immer das gleiche!

Aufmerksame Eltern nehmen die Schule ernst; für ihre Kinder ist nur die beste Schule gut genug. Um einmal in die beste Schule aufsteigen zu können, ist Höchstleistung vom ersten Schultag weg das entscheidende Schlüsselwort.

Mit ängstlichen Fragen nach dem Leistungsstand ihres Kindes schüren sie die Angst in der Lehrerin: Ist mein Unterricht wirklich so gut, wie ich meine? Ihr Unterricht wird dadurch dauernd flüchtiger statt besser. Sie verliert jene Ruhe und heitere Gelassenheit, die Voraussetzung wären für ein wirkungsvolles Lernen der Kinder.

So erreichen gerade diese aufmerksamen Eltern, die für ihre Kinder immer nur das Beste wollen, nicht selten das Gegenteil. Solche Eltern fragen, um im Bild des Wochenendausflugs zu bleiben, nie: Sind Sie wohl lange genug am Bergbach geblieben? Sie fragen immer wieder: Wie weit sind Sie gekommen? Haben Sie hoffentlich den Abstecher zum Schwarzsee nicht ausgelassen? Gehen Sie nicht vielleicht doch ein wenig zu langsam vor? Wir finden, nun müssen Sie den Schnellzug nehmen, um bis zu den Sommerferien ans Ziel zu kommen! – Und nach der missglückten Sek-Prüfung heisst es dann: Jetzt ist der Zug abgefahren.

Mal für Mal lassen sich Lehrerinnen und Lehrer, auch wider besseres Wissen, durch die Angst der Eltern treiben, abtreiben in die Illusion möglicher Vollständig

keit. Hätte ich doch . . . , dann wäre vielleicht . . . – Immer das gleiche!
Und am Ende eines Quartals, am Ende eines Schuljahres, einer Schulzeit der immer gleiche, schale Nachgeschmack: Immer hat man etwas angebissen, immer etwas anderes, nie etwas aufgegessen, von Satt-werden, ab und zu wenigstens, nicht zu träumen. Schule ist eben so!
Wer sich laut zu fragen getraut, ob denn das bisschen Rechenfertigkeit, die doch im Schnitt eigentlich erschütternd mangelhafte Schreib- und Lesefertigkeit nicht in wesentlich kürzerer Zeit erworben werden könnte, kommt jenem Spielverderber im Märchen von des Kaisers neuen Kleidern gleich, der zu sagen wagt, was eigentlich alle sehen, nämlich dass der Kaiser ausser seiner Unterhose nichts am Leibe trägt. Ja, auch viele unserer Kinder, so scheint mir, verlassen unsere Volksschule in Unterhosen, denn von Menschenbildung, von all dem, was über die Fertigkeit in Lesen, Rechnen und Schreiben hinausgeht, ist so schmerzlich wenig spürbar, dass ich befürchte, eine Vergleichsgruppe ohne jegliche Schulbildung innerhalb unserer Gesellschaft würde bezüglich geistiger Wertbildung nicht schlechter, wenn nicht gar viel besser abschneiden.

Damit in der Schule wirkliches Lernen möglich ist, müssen wir
- wegkommen vom Lektionenunterricht
- wegkommen vom ausgrenzenden Fächerdenken
- wegkommen vom planmässigen Durchnehmen und eine Unterrichtsform finden, die es den Kindern erlaubt, zu *verweilen;*
- zu verweilen unter einem Thema, das mehrere Fächer oder besser noch den ganzen Unterricht

umfasst
- zu verweilen an einer begonnenen Arbeit, also ohne den interessetötenden Lektionenraster

Bildend wirkt nur jener Unterricht, der den Eigenwillen des Kindes respektiert und nutzt. Wer erfahren will, wie Kinder wirklich lernen, muss nur eine tätige Kindergruppe ausserhalb der Schule beobachten, Kinder etwa, die zusammen eine Hütte bauen: da wird diskutiert und probiert; Phantasie und Fertigkeiten werden genutzt, um gemeinsam auf Neuland vorzustossen; Irrtum und richtiger Schluss sind gleichbedeutend, beide tragen letztlich bei zum Erfolg; einmal gelingt einem einzelnen ein wesentlicher Schritt, einmal ist ein Fortschritt das Verdienst der Gruppe.
Wie viele Kinder schicken doch bloss ihren Leib zur Schule! Da aber, wo lebendiges Lernen möglich ist, sind die Kinder ganz dabei, mit Leib und Seele.

Verweilen dürfen. Verweilen können.
Verweilen, eine Frage der Zeit, des Stundenplans.

Der Stoff-Wechsel von Lektion zu Lektion (Beeilt euch, es wird bald läuten!) schafft eine Hektik, die nicht nötig wäre. Doppellektionen lindern zwar das Übel ein wenig, schaffen es aber nicht aus der Welt.
Die Lösung bringt nur eine Unterrichtsform, die es den Kindern erlaubt, an einer einmal begonnenen Arbeit zu bleiben, bis sie beendet ist.
Vorbild ist uns dafür das Alltagsleben, die Arbeitsweise eines Landwirts, einer Hausfrau, eines Handwerkers: dies und das und jenes muss heute, muss diese Woche getan werden. Jeder teilt sich seine Arbeit ein, beginnt dann zu arbeiten und wird das Begonnene wenn möglich zu Ende führen, bevor er an die nächste Arbeit geht. Der Stundenplan verhindert diese Arbeitsweise,

weil er die Kinder entmündigt. An der Stelle des Stundenplans steht daher neu der Wochenauftrag, das *Wochenprogramm*.

Verweilen, eine Frage des Inhalts, des Unterrichtsthemas.

In der Regel beackern die Schülerinnen und Schüler der Mittel- und Oberstufe in jedem Fach ein anderes Thema. Wegleitend sind die Vorgaben der Lehrmittel und der Zufall. In keinem der angeschnittenen Themen können die Kinder richtig Fuss fassen, denn die Zeit ist zu knapp, und in zehn Minuten kommt ohnehin wieder etwas ganz anderes. Damit die Kinder verweilen können, müssen wir den Themenstrauss der verschiedenen Fächer aufgeben zugunsten eines einzigen Themas, das wenn möglich den ganzen Unterricht umfasst: das *Projekt* als Unterrichtsform ermöglicht dies.
Projektarbeit ist nicht eine Erfindung der Schule; projektartig haben die Menschen seit eh und je gearbeitet, lange bevor es Schulen gab.
Wenn die ganze Familie sich beteiligt am Ausbau des Estrichs im eigenen Haus, dann ist dies eigentlich ein Projekt. Wenn der Gemischte Chor ein Sommernachtsfest mit Konzert plant, dann ist dies, von der ersten Besprechung bis zur Rechnungsablage lange nach dem Fest, ein Projekt; man nennt es nur nicht so.
Projekte sind Gemeinschaftswerke.
Sie sind erzieherisch wertvoll
- weil sie den Gemeinschaftssinn fördern
- weil sie tiefere Erfahrungen bringen, als dies beim blossen Anschneiden verschiedenster Themen möglich ist
- weil am Ende des Projekts ein sichtbares Ergebnis vorliegt, ein spürbares Erlebnis nachwirkt.

Der andere Unterricht

Das Wochenprogramm

«Wir dürfen machen, was wir wollen», erklärten die Kinder ihren Eltern nach den ersten Tagen mit Wochenprogramm.
«Da darf man mitten in der Stunde einfach aufstehen, herumgehen und sogar hinaus», erzählte ein Fünftklässler seiner Mutter.
Wie gross und doch so selbstverständlich muss das stille Leiden der Kinder an unseren Schulen sein, dass selbst so bescheidene Lockerungen, so kleine Freiheiten, wie das Wochenprogramm sie bringt, von fast allen Schülerinnen und Schülern derart dankbar aufgenommen werden!
«Ihr dürft machen, was ihr wollt?! – Also nichts!» schlossen einige Eltern, noch bevor sie es sich richtig überlegen konnten. Ach ja, wer Argumente sucht gegen Lehrer und Unterricht, der nimmt sie, wo er sie gerade findet, auch wenn er dabei im Trüben fischen muss. In solchen Fällen vermochten dann auch sachliche Erklärungen des Lehrers kaum Wesentliches zu ändern.
«Wir dürfen machen, was wir wollen.»
Dabei habe ich ihnen die Fesseln doch nur gelockert, nicht abgenommen, denn mit dem Wochenprogramm bestimme ich als Lehrer nach wie vor, welcher Schüler welche Aufträge zu erfüllen hat. Die vorerst einzige Neuerung besteht also darin, dass das Kind innerhalb des Rahmens einer Woche seine Arbeitsaufträge selber einteilen kann. Es muss zwar rechnen, so und so viel, aber es muss nicht unbedingt am Dienstag von 8.20 Uhr bis 9.05 Uhr rechnen. Es hat ebenso die Möglichkeit den ganzen Dienstagvormittag ohne Unterbruch zu rechnen.
Dass wir durchaus fähig und bereit sind, unter ange-

nehmen Bedingungen wesentlich mehr zu leisten als unter Zwang; wenn man uns also bloss nicht auf die Minute genau vorschreibt, wann wir eine Arbeit auszuführen haben, darin unter anderem unterscheiden wir uns doch von Automaten.

Und sollte ein Kind darauf kommen, dass ich diese kleine Freiheit nur gewähre, damit es das Doppelte leistet, wird es hoffentlich von neuem sperren. Denn dass in dieser Arbeitsform mehr geleistet wird als unter Druck, darf nicht der Zweck, sondern bloss eine Nebenwirkung, eine zwar für alle angenehme Nebenwirkung sein.

Sollte Leistungssteigerung die alleinige Absicht des Wochenprogramms sein, wäre dieses ein Instrument der Manipulation statt der persönlichen Freiheit. Es gibt zum Glück immer wieder pfiffige Kinder, die da sehr empfindlich reagieren: sie machen Schwierigkeiten, streuen Sand ins Getriebe. So lag und liegt die Hoffnung für die Zukunft nie in den braven Schülern, sie liegt in den schwierigen. Sie sperren oft, bevor sie selber wissen weshalb, und sind so eine Chance für uns Lehrerinnen und Lehrer: sie hindern uns daran, in Bequemlichkeit und Routine zu erstarren. Nur wo Menschen zu Automaten werden, können tödliche Automatismen den Alltag bestimmen.

Doch schauen wir uns nun das Arbeiten mit dem Wochenprogramm näher an.

Es ist Montag.

Wenn die Schüler am Morgen zur Schule kommen, stehen an den Wandtafeln sämtliche Arbeitsaufträge des laufenden Projekts für die eben begonnene Woche. Die Wochenaufträge decken alle Fachbereiche ausser Französisch ab. Das Zeichnen ist zwar Teil des Projekts, doch wir zeichnen und malen gemeinsam in einer festgelegten Doppelstunde, weil dieses für viele Oberschüler so «unwichtige» Fach diesen Schonraum braucht. Die Mathematik dagegen ist zwar integriert ins Wochenprogramm, aber nicht Teil des Projekts; von ihr wird später in einem eigenen Kapitel ohnehin noch zu reden sein.

Jedes Kind hat nebst vielen möglichen Arbeitsplätzen in Ateliers inner- und ausserhalb der Schulstube einen Stammplatz im Klassenzimmer.

Am Stammplatz eines jeden Schülers liegen nun am Montagmorgen ein leeres Programmblatt (Seite 47) und Unterlagen (Bücher, Broschüren, Texte, Anleitungen und Arbeitsblätter) zu sämtlichen Programm-Aufträgen der Woche.

Soll das Kind nun frei seine Arbeit einteilen können, muss am Montag alles Material verfügbar sein. Diese Unterlagen nämlich erlauben es den Kindern, *unabhängig* vom Lehrer sämtliche Arbeiten nach eigenem Arbeitsplan auszuführen, allein oder in freier Zusammenarbeit mit andern.

Bevor nun jedes Kind all jene Aufträge, die es betreffen, von der Wandtafel auf sein persönliches Programmblatt überträgt, gehe ich mit der Klasse alle Aufträge durch, erläutere sie, beantworte Fragen der Schüler, verweise auf die Arbeitsunterlagen und erläutere, wenn nötig, auch diese kurz.

Und nun eben überträgt jedes auf sein Programmblatt, was es im Laufe dieser Woche zu beackern hat. Welcher Art diese Aufträge sind, werde ich im Kapitel «Das Projekt» an Beispielen zeigen.

Wesentlich ist vorerst einzig die Tatsache, dass die Schüler durch diese Organisationsform weitgehend vom Lehrer unabhängig sind: sie brauchen weder auf Aufträge noch auf Anweisungen zu diesen Aufträgen zu warten. Sie sind, obwohl sie freiwillig mehr zusammenarbeiten als im traditionellen Unterricht, in Sachen Arbeitstempo auch voneinander unabhängig. Besuchern fällt immer wieder auf, wieviel Zeit ich während des Unterrichts habe. Es sitzen da zwar Kinder der vierten bis neunten Klasse, und oft hat jedes Kind, nicht bloss jede Altersstufe, andere Aufträge, und doch habe ich viel Zeit, Zeit für mündliche Arbeit mit Gruppen oder einzelnen, Zeit für Schwächere, die trotz schriftlicher Anweisungen meine direkte Hilfe brauchen, Zeit, die Arbeitsweise von einzelnen oder Gruppen zu beobachten; Zeit, als Lernberater dort aktiv zu werden, wo man mich braucht.

Als ich mit Wochenprogramm-Arbeit begonnen habe, war mir noch gar nicht bewusst, wieviel schöne und heilsame Nebenwirkungen diese Organisationsform hat. Überzeugt war ich schon lange vom fast natürlichen Eigenleben einer Mehrstufenklasse gegenüber der Einöde der Jahrgangsklasse, aber mich ärgerte die Tatsache, dass in allen Mehrstufenklassen die Kinder immer wieder und von Lektion zu Lektion neu auf Anweisungen des Lehrers warten müssen. Es ist zwar sinnlos, in der Erziehungsarbeit Zeit gewinnen zu wollen: Zeit ist immer. Beschleunigen können wir eine Produktion, aber nicht gesundes Wachsen. Dennoch hat mich geärgert zu sehen, wieviel Zeit der Kinder durch Warten verstrich; ein unfreiwilliges Brachliegen des kindlichen Tatendrangs. Nicht zuletzt deshalb in den Köpfen vieler Eltern die fixe Idee: in Jahrgangsklassen würden die Kinder mehr und besser lernen als in der ach so menschlichen Mehrstufenklasse.

«Sie ist ja schön, deine menschliche Schule, aber es müssten dann eben alle durch sie hindurch», sagt eine Mutter, deren Sohn «es einmal weiter bringen soll als sie».

Also: Menschlichkeit *oder* Erfolg.

Und ich meine: Menschlichkeit *und* Erfolg.

Doch so oder so: ein Schulzimmer ist kein Wartsaal.

3./4. Kl.
WOCHENPROGRAMM von _____ ___ . WOCHE
****

Mein Auftrag:								erl.	So sehe ich m.Leistung		
Mathematik:									☀☺	☺	☹⚡
			Vortest:		Haupttest:						
Projekt Thema: . Woche									✕		
🚶											
👬											
👨‍👨‍👦											
Werkstatt:											
Zeichnen:									So war ich zu den andern:		
Wochengedicht:											
Singen:											
Freier Text:					Nr.			A	V	K	R	D
Freie Arbeit:											

Anmerkung des Schülers / der Schülerin:

Anmerkung des Lehrers:

Wir haben uns dieses Programm angeschaut. Die Eltern: _____

Die Warterei in der Mehrstufenklasse fiel mir schon bald unangenehm auf; ich habe sie in einem alten Text einmal so beschrieben:

Wie die einstufige Klasse so lebt auch unsere Mehrstufenklasse von Lektion zu Lektion. Der Schüler überblickt höchstens die folgenden 45 Minuten. Wie der Autolenker durch dichten Nebel fährt, so sitzt der Schüler im Schulstoffnebel; dort die weisse Leit- und Sicherheitslinie, hier der Stundenplan als einzige Orientierungshilfe.

Das Fahren in dichtem Nebel ist anstrengend und nervenaufreibend, das Arbeiten im Stoffnebel ebenso. Der Unterricht beginnt also alle 45 Minuten neu; die Pause ist eine besonders dichte Nebelschwade: «Was mache mr ächt ir nächschte Stung?» Dieser vier- bis fünfmalige Neubeginn pro Vormittag lässt sich in einer Einstufenklasse ziemlich reibungslos inszenieren. Daher besteht im Grossteil der Lehrerschaft kein Bedürfnis, an dieser Praxis Wesentliches zu ändern, obwohl, wie eben erwähnt, diese Form des Unterrichts die Schüler immer wieder im Unklaren belässt und sie so zur Passivität zwingt.

In unserer Mehrstufenklasse aber wird dieser Stotterunterricht zum permanenten Problem: kaum haben endlich alle Stufen ihren Auftrag (Himmel, so wird es gemacht; wenn gleich alle aufgepasst hätten, müsste ich es nicht noch einmal erklären), sind die ersten schon wieder fertig. (Dann macht noch «. . . , aber halt, der Stefan weiss immer noch nicht wie, also. . .»)

Der Lehrer flippt wie ein gehetzter Manager durch die Klasse, während stets einige Schüler noch nicht wissen, was sie machen sollen, oder schon wieder nicht mehr wissen, was sie noch machen sollen. Ja, dann gibt es, wenn der Lehrer Glück hat, noch eine Zeichnung oder einen Hefteintrag fertig zu machen, aber meistens eben auch nur bei denen, die ohnehin mehr als genug zu tun haben; andere versehen Heftseite um Heftseite zum voraus mit einem farbigen Rand; gespitzte Bleistifte werden noch einmal gespitzt; oder konsequenter und ehrlicher: sie sitzen da und warten.

Die Kinder werden in der Schule oft so müde, weil sie zu wenig Arbeit haben, nicht zuviel.

Warten ist langweilig und macht müde: warten auf den Lehrer, warten auf die Langsamen, warten auf die Pause; das macht müde, nicht die Arbeit.

Gute Arbeit kann sogar munter machen, so dass die Kinder die Schule frischer verlassen statt müde und abgequält.

«Es ist langweilig», sagt der Schüler.

«Wir haben zu wenig zu tun», sagt er nicht. Der Schüler meint damit nicht: ich möchte mehr Arbeitsblätter, mehr Stoffdruck, mehr Proben.

Gerade in der Hektik gedeiht Langeweile.

Zu wenig Arbeit heisst da: zu wenig echte Arbeit. Arbeit ist dann echt, wenn das Kind sie als sein ganz persönlicher Auftrag ernst nehmen kann, wenn es sie in eigener Verantwortung ausführen darf, verantwortlich der ganzen Klasse gegenüber.

Wenn wir an einem grossen Projekt arbeiten, ist das, wie wenn wir als Klasse gemeinsam ein Haus bauen würden: ein jedes trägt seine Bausteine dazu bei, Treppenstufen, Balken, Ziegel. Und wenn ich meinen Beitrag nicht leiste, gibt es Löcher in der Mauer, wo keine Löcher hingehören, fehlen Stufen in der Treppe, hat es Lücken im Ziegeldach.

Echte Arbeit im Fertigkeitstraining heisst, nur das üben müssen, was ich noch nicht beherrsche. Wenn eine zwanzigköpfige Klasse eine CK-K-Übung machen muss, weil fünf der Klasse die CK-Regeln immer noch nicht beherrschen, oder noch schlimmer: weil im Übungsheft nun eben eine CK-Übung kommt; dann ist diese Übung für fünfzehn der Klassen eben keine echte Arbeit. Das ist dann eben Stanniolglätten in der alten Irrenhauspraxis. Am Abend werden die geglätteten Stanniolblätter rasch wieder zerknüllt, damit die armen Irren morgen wieder etwas zu tun haben.

Wenn Schüler aufbegehren: das haben wir ja schon einmal gemacht, das können wir ja schon, denken Lehrerinnen und Lehrer gerne: Nützt's nüüt, so schadt's nüüt.
Doch da irrt der Volksmund: es schadet, und wie!

Kehren wir aber nun zum Wochenprogramm zurück. Nun also, während der auf dem Stundenplan (Seite 51) schraffierten Unterrichtszeit arbeiten die Kinder, allein oder in Gruppen, an ihren Aufträgen. In diese Zeit fallen aber auch kleine Exkursionen, Erkundungen, das Vorstellen von Forschungsergebnissen, das Vorführen von Versuchen, Aufführungen kleiner dramatischer Spiele usw.
In einer kurzen Tagesplanung werden jeden Morgen solche Beiträge fest eingeplant, damit Darbietende und Empfänger sich entsprechend einrichten können, zur festgesetzten Zeit alle sich am Ort der Darbietung einfinden.
Solche Darbietungen dienen zur Information der ganzen Klasse, sie sind zugleich aber auch Bewertung und Lernkontrolle. Wer sich gut vorbereitet hat, vermag die Klasse zu überzeugen. Wer ein Durcheinander macht oder offensichtlich falsche Schlüsse zieht oder Erklärungen schuldig bleibt, wird durch Fragen und Kritik aus dem Busch geklopft und hat so eine letzte Chance zu beweisen, dass er seiner Sache doch sicher ist.
Arbeiten aus dem normativen Bereich (Rechtschreibeübungen, grammatikalische Übungen, Mathematikaufträge) sind in der Regel nicht von allgemeinem Interesse. Daher werden sie mit Hilfe von Schlüsseln (Mathematik) und Kontrollblättern (Sprache u. a.) in stiller Arbeit vom Schüler selbst kontrolliert und wenn nötig verbessert; dies selbstverständlich unmittelbar nach dem Lösen der Aufgabe, denn das Kind will

Stundenplan

Schulort:
Lehrer:
Sommer/Winter 19___/19___ (Nichtzutreffendes streichen)
Zahl der Schulwochen im Jahr: 36
Schuljahre: 3./4.
Schülerzahl: K 10 M 11

Unterrichtsdauer	Montag	Dienstag	Mittwoch	Donnerstag	Freitag	Samstag
Sommer 7.30 / bis 8.15					Zeichnen	
von 8.20 / bis 9.05			Zeichnen			
von 9.10 / bis 9.55			Wochenprogramm			
von 10.15 / bis 11.00						
von 11.05 / bis 11.50	Turnen	Singen	Turnen	Werken	Turnen	Singen
von 13.30 / bis 14.15				Werken		
von 14.20 / bis 15.05				Werken		
von / bis						
von / bis						

Form. Nr. 1000   Siehe Rückseite

augenblicklich wissen, ob die Sache richtig ist oder nicht. Die Wirkung solcher Kontrolle ist viel besser, als wenn sie erst am nächsten Tag und durch den Lehrer erfolgt, weil das Kind dann vielleicht schon nicht mehr weiss, auf welchem Wege es zum falschen Schluss gekommen ist.

Seit wir mit dem Wochenprogramm arbeiten, dünken mich die Ferien fast schade

Eine Klasse arbeitet seit knapp einem halben Jahr nach Wochenprogramm. Nun bitte ich die Kinder, zur neuen Arbeitsform Stellung zu nehmen.
Was ist gut? Was ist schlecht? Wie kommst du selber zurecht? Wie soll es weitergehen?
Sie sprechen ihre Meinung auf Band.
Kein einziges dieser Klasse möchte zur alten Schule zurückkehren.
Hier einige Stimmen:

Ich finde das Wochenprogramm gut. Nur manchmal sollte es etwas weniger sein.
Mit dem Wochenprogramm geht die Woche schneller vorbei.
(Knabe, 4. Kl.)

* * *

Ich finde das Wochenprogramm gut, weil ich machen darf, was ich will. Am liebsten bastle ich. Aber manchmal bin ich schon am Mittwoch fertig. Dann weiss ich nicht, was ich machen soll. Am besten wäre es, wenn ich schon am Mittwoch fertig bin, dass ich bis am Samstag zu Hause bleiben dürfte.
(Mädchen, 4. Kl.)

* * *

Ich finde diese Methode sehr gut, weil, wenn man in die Schule kommt, man machen kann, was einem gerade einfällt. Vielleicht hat man Lust, dieses oder jenes zu machen. Nach Weihnachten können wir von mir aus so weitermachen.
(Knabe, 4. Kl.)

Das Wochenprogramm ist gut. Wenn man nach Programm arbeitet, weiss man, dass man nicht zeichnen kann oder mit dem Pultnachbarn plaudern. Das Wochenprogramm ist auch besser als ständige Aufgaben. Man kann daheim spielen und muss nicht daran denken. Es ist auch gut, weil, wenn man in der Schule nicht so mag, kann man am nächsten Tag mehr machen. So wie es vorher war, konnte man das nicht. Weil der Lehrer es immer korrigierte. Da konnte man nicht einfach sagen: Ich mache morgen mehr, das ging nicht. Aber beim Wochenprogramm schaut es der Lehrer nicht jeden Tag an. Wenn man gut schafft in der Schule, ist man manchmal schon am Donnerstag fertig und dann kann man in den Aufgabenstunden zeichnen oder lesen. Darum finde ich das Wochenprogramm besser. (Mädchen, 4. Kl.)

* * *

Ich finde das Wochenprogramm gut. Ich bin manchmal schon am Mittwoch fertig. Viele Arbeiten finde ich leicht, aber es gibt auch schwerere Sachen. Seit wir so ein Wochenprogramm haben, dünken mich die Ferien fast schade. Ich freue mich trotzdem ganz, ganz fest auf die Ferien.
Seit wir nach dem Wochenprogramm arbeiten, habe ich fast immer eine gute Laune. Doch immer nach der grossen Pause, wenn wir Handarbeiten haben oder Singen, ist es nicht mehr so gut. Manchmal singe ich aber gerne. (Mädchen, 5. Kl.)

* * *

Ich finde das Wochenprogramm besser als das gewöhnliche. Man kann das arbeiten, wozu man gerade Gluscht hat. Man kann sich auch ein bisschen Freiheit verschaffen, indem man am Wochenanfang fleissig arbeitet. (Knabe, 5. Kl.)

* * *

Ich finde die Idee gut, mir passt es gut, weil ich machen kann, was mir gerade passt. Ich werde immer knapp nicht fertig, dann muss ich es nachholen. Aber es ist trotzdem gut, finde ich. Manchmal habe ich Mühe, aber manchmal geht es sehr gut. Mir gefällt das richtig gut, ich möchte gerne so weiterfahren. Den Anfang des Wochenprogramms spüre ich immer wie einen Start. Und wenn ich fertig bin, ist es richtig wie ein Sieg.
(Knabe, 5. Kl.)

Es gibt keine Unterrichtsform, die stets allen Kindern genehm ist.
Es gibt keine Unterrichtsform, die stets allen Kindern gerecht wird.
Ich denke an Jonas, Sohn eines Akademikers. Jonas, ein Phlegmatiker wie er im Lehrbuch steht. Er erledigte regelmässig nur einen Bruchteil seiner Arbeit. Das machte ihm keine Sorgen und einen gesunden Schlaf hatte er von Natur aus. Wenn wir zusammen fochten, rangen um etwas mehr Leistung, sah er immer die gleichen zwei Möglichkeiten: dass ich mir eigentlich unnötig Sorgen mache, oder, falls ich darauf nicht verzichten könne, dass ich ihn an die Leine nehme, und zwar kurz.
Ich weigerte mich aber, die Rolle des Hundehalters zu spielen. So fochten wir eben weiter, fünf Jahre lang.
Jetzt ist er glücklich in seinem Beruf, zufrieden mit sich und der Welt, wie eh und je.

Fragen der Eltern zum Wochenprogramm

Die Kinder müssen vieles selber kontrollieren. Wird da nicht auch viel gemogelt, abgeschrieben?
Wenn sie zusammenarbeiten dürfen, wann und wie sie wollen, gibt es doch welche, die lassen die andern schuften und schreiben dann alles einfach ab?

Selbstverständlich wird da viel gemogelt, abgeschrieben. Am Anfang jedenfalls.
Ziel ist das selbständige Lernen, ist Erziehung zur Mündigkeit. Das steht so oder ähnlich in allen fortschrittlichen Lehrplänen. Die Kinder sollen lernen, wie man lernt, wie man selbständig lernt, ohne Zwang, ohne fremde Hilfe, ohne Kontrolle von aussen, weil man sich heute bewusster ist denn je, dass wir nie ausgelernt haben, dass wir auch nach Schule und Berufslehre, nach jedem Studium auch, Lernende bleiben müssen. Zweifellos steht da jener am besten da, der schon in der Schule gelernt hat, ohne Schule zu lernen. Hilfe zur Selbsthilfe. Der Selbstversorger in Sachen Lernen. Er verfügt über die nötige Selbstdisziplin, hat Vertrauen in die eigenen Kräfte und weiss, wie man lernt, oder genauer: er weiss, wie *er* am besten lernt.
Wie soll nun aber einer diese Selbständigkeit erwerben, wenn wir in der Schule dauernd «Räuber und Poli» spielen, wenn bis in die Hochschule hinein «Gschüelerlet» wird: merkt er's ächt, wenn i em Tinu abschribe u nume chli meh Fähler mache?
«Du lernst für dich, nicht für die Lehrerin», ermahnen die Eltern ihr Kind. Ja, freilich, aber wie soll das Kind dies erfahren, wie soll es die elterliche Ermahnung verstehen können, wenn die Lehrerin die Klasse pausenlos überwacht, ein fehlergespicktes Diktat als per-

sönliche Beleidigung aufnimmt, und sich ohne die 22 lückenlos ausgefüllten Arbeitsblätter ausserstande erklärt, das Wochenende geniessen zu können?
Ich habe vor Jahren aus einer Nachbargemeinde einen ziemlich schwierigen Schüler übernommen, einen Schul-Dienstverweigerer mit der Gewohnheit, seinen Kopf auf den Pultdeckel zu legen und für Stunden in seinen Armen zu vergraben; ab und zu tobte er auch und schmiss um sich, was ihm gerade in die Hände kam. Bei mir hat er sich dann sehr Mühe gegeben. Wie der abgeschrieben hat! Fleissig und lückenlos. Bald schon hatte er ein halbes Heft vollgerechnet, aber kaum ein Resultat, das er nicht aus dem Schlüssel oder von andern abgeschrieben hatte. Ich liess ihn machen so, wochenlang. Und einmal, als er wieder gegen unsere allgemeine Abmachung verstiess und den Schlüssel an seinen Arbeitsplatz mitnahm, wies ich ihn auf seine Übertretung hin und sagte noch: «Übrigens schade für das schöne weisse Papier. Du weisst doch genau, dass du so nichts lernst, und so deine ganze mühsame Schreibarbeit umsonst ist.» Ganz ruhig sagte ich dies, und er war völlig verwirrt, fast schockiert. Er begriff wohl einen Augenblick lang die Welt nicht mehr. Zumindest hatte er doch erwartet, dass ich nun losbrüllen würde, das Heft zerreissen, eine saftige Strafe diktieren.
Wenn wir uns weigern, Polizist zu spielen, ist das Räuberdasein für die Kinder bald überhaupt nicht mehr lustig. Der Lehrer, ein Spielverderber.
Denn ja, liebe Eltern, wir selber hatten ja meist noch sehr strenge Lehrer, oft mehr Polizisten als Lehrer. Und was haben wir doch nicht trotz allem gemogelt. Es war für uns eben noch richtig spannend: merkt er's nun oder merkt er's nicht?!

Selber Arbeit einteilen, selber Lösungswege suchen, ab und zu sogar sich selber einen Auftrag erteilen. Können das denn die Schüler überhaupt?

Einige können es erstaunlich gut. Andere haben recht Mühe. Und immer wieder gibt es welche, die können es überhaupt nicht. Aber dazu sind wir Lehrerinnen und Lehrer ja gerade da.
Viele Eltern verwechseln den Arbeitsplatz Schule mit einer Show-Bühne: wer auftritt, soll seine Sache beherrschen, dass es eine Freude ist; allen voran natürlich das eigene Kind, die Primaballerina.
Dabei gehört doch zum Lernen das Anstossen, das Zweifeln und Fast-verzweifeln genauso wie der Erfolg. Wie auch zum Gehenlernen das Stolpern und Hinfallen gehört; ja vorerst ist es doch fast ausschliesslich ein Stolpern und Hinfallen. Und wem käme es schon in den Sinn, dem Kleinkind zu raten: Komm lass das doch, das ist viel zu schwierig für dich, später, vielleicht später ja.
Die Kleine wird bald gehen, weil sie nie daran denkt, sich durch die ungezählten Stürze auch nur im geringsten entmutigen zu lassen. Nicht auf das Hinfallen sollten wir also achten, sondern auf das ganz selbstverständliche Wieder-aufstehen, immer wieder. Das ist die beharrliche Haltung des Lernenden, ganz normal und selbstverständlich. Ohne Stürze geht es nicht, sie gehören wesentlich dazu, aber wichtig sind sie dennoch nicht.
«Stürze» gibt es auch in der Schule; je mehr, je intensiver gelernt wird, um so mehr «Stürze» wären da zu zählen. Auch in der Schule gehören «Stürze» also einfach dazu, brauchen aber auch da nicht sorgenvoll registriert zu werden, solange sich das Kind dadurch nicht entmutigen lässt. Eltern, die der Lehrerin solche Stürze zum Vorwurf machen, haben daher etwas ganz

Wesentliches nicht begriffen.

Viele Kinder werden übrigens nicht mutlos durch die «Stürze» selbst, sondern durch die Reaktion der Eltern auf diese «Stürze». Da erst kommen die Kinder selber auf den dummen Gedanken, ihr gelegentliches Hinfallen sei etwas Schlimmes.

Nicht nur Eltern können auf solche «Stürze» falsch reagieren, auch Lehrerinnen und Lehrer können es. Das ist viel schlimmer, weil sie es als Fachleute eigentlich besser wissen müssten.

Wenn wir uns fragen, ob denn schon Kinder selber Arbeit einteilen können, dürfen wir auch nicht vergessen, dass es noch viele Erwachsene gibt, die nicht in der Lage sind, anstehende Arbeiten selbständig einzuteilen und termingerecht zu erledigen, denn wo sollten sie es herhaben, wenn sie es nie gelernt haben. Wer sich dessen bewusst ist, wird mit Hochachtung feststellen, mit welchem Ernst, mit welchem Einsatz die Schüler ihre Arbeit anpacken und regelmässig in der vorgegebenen Zeit ausführen. Freilich, wie schon gesagt, gelingt es nicht allen auf Anhieb; aber alle freuen sich über den neuen Freiraum und das Vertrauen, das dieser neuen Freiheit zugrunde liegt.

Wir vergessen eben auch immer wieder, dass die Kinder, wenn sie zur Schule kommen, schon bestens wissen, wie man lernt, wie man selbständig lernt, und viele Kinder sind deshalb enttäuscht von der Schule, weil die Schule sie wie Babies behandelt, mit ABC-Schnuller und 1 × 1-Laufgitter. Sie sind enttäuscht und beleidigt: sie wollen lernen, arbeiten, nicht gegängelt werden.

Wie gehen die Kinder denn ein Programm, eine neue Woche an?

Jedes anders. Jedes Kind hat da seine Vorlieben, seine

Stärken, seine Schwächen auch. Entsprechend diesen Zu- und Abneigungen teilen sie sich ihr Programm ein, die einen bewusster, die andern weniger.
Als Vergleich kann eine Mahlzeit dienen.
Das Kind ist bei seiner Gotte auf Besuch, sitzt am Tisch hinter einem reichhaltigen Teller. Es hat Hunger, es hat Appetit, der Teller sieht sehr gut aus; trotzdem gibt es da, beim genaueren Hinsehen, recht grosse Unterschiede in Sachen Verlockung: die Pommes frites okay, das Fleisch auch; die Bohnen sind recht, der Fenchel hart an der Grenze; der Spinat bleibt trotz Käse ungeniessbar.
Zu Hause würde es vorerst mal ausrufen. Aber doch bei der Gotte nicht; es wäre auch unverschämt, denn als Ganzes wirkt der Teller nach wie vor überzeugend. Nur kurz überlegt es, den Spinat a priori stehen zu lassen; man könnte sich dann aushelfen mit «keinen Hunger mehr» oder so; doch da gingen auch zusätzliche Pommes frites flöten. Also doch mit Spinat.
Dann gleich die tollkühne Idee: der Spinat voraus, dann ist das Gute noch besser.
Dann wieder die Idee, den Spinat zu verpacken, in homöopathischen Dosen unter das Gute zu verteilen. Was aber doch wiederum schade wäre für die Pommes frites . . .
Ja, und auf irgend einem Wege wird dann der Teller leer, oder auch nicht leer.
Und es soll auch Kinder geben, die eigentlich alles gern haben, auch Spinat; ab und zu aber auch eines, das nur Fleisch oder nur Pommes frites essen kann.
Und für diese hat man eben die Lehrerin, hat man den Lehrer erfunden, denn in der Schule kann es nicht nur Pommes frites geben, da gibt es auch Spinat, – und da gibt es immer auch Feinschmecker, die bei den entlegensten Speisen behaupten, das habe einen Geschmack nach Spinat.

Von jenen, die sich mit Heisshunger auf alles Essbare stürzen, brauchen wir hier also nicht weiter zu reden; das sind jene Kinder nämlich, die regelmässig Programm-Aufträge freiwillig mit nach Hause nehmen, damit sie sich so gegen Ende der Woche freie Zeit schaffen können, um an ihrer freien Arbeit, einer Werkarbeit in der Regel, weitermachen zu können.
Zu reden ist nur noch kurz von den Spinatverächtern. Da schlage ich dann eben vor, diesen auf die ganze Woche zu verteilen; beim einen ist dies Mathematik, beim andern sind es grössere Leseaufträge.
Manchmal genügt schon diese Empfehlung.
Dann wieder braucht eines verbindlichere Hilfe, zum Beispiel, dass wir auf dem Programm-Blatt schriftlich festhalten, welcher Happen an welchem Tag anzupacken sei.
So etwa und auf vielen andern Wegen, die einen rasch, die andern langsamer, lernen wir, Arbeit einteilen, im überschaubaren Rahmen einer Woche.

Was passiert, wenn ein Schüler nicht fertig wird mit dem Programm?

Eine berechtigte Frage. Doch wer sie in gehässigem Tone stellt, erwartet wohl eine Antwort, die ich nicht geben kann.
Ich setze tatsächlich voraus, dass das Programm bis Ende der Woche erfüllt ist. Ich darf dies erwarten, weil ich das Programm eines jeden Kindes so bemesse, dass es wahrscheinlich damit fertig werden kann.
Nun ist dieses Bemessen aber oft nur bedingt möglich. Ein Teil der Aufträge sind stets kreative Aufträge. Da schreibt nun das eine einen prägnanten Dreizeiler, das andere eine dreiseitige Geschichte. Bleibt nun beim Geschichtenerzähler Ende Woche eine Kleinigkeit un-

erledigt, wäre es reine Pedanterie, ihn eben diese Kleinigkeit nacharbeiten zu lassen.
Jedes Kind, das etwas nicht erledigt hat, muss begründen können, weshalb es nicht zu Rande gekommen ist. Ist Herumhangen die einzige Erklärung, arbeitet es das Fehlende bis Dienstag der nächsten Woche nach. Hat es die Zeit aber für andere Arbeiten gebraucht, wie im Beispiel der langen Geschichte, schauen wir, ob das Fehlende für das persönliche Vorankommen nötig ist; wenn ja, nehme ich es auf sein nächstes Programm; ebenso wenn es sich um einen unentbehrlichen Beitrag zur Projektarbeit handelt.
Es geht also darum, mit Vernunft und Verstand abzuwägen. So erfährt das Kind immer wieder, dass Schularbeit einfach Arbeit ist und keine Strafe.

Behalten Sie so als Lehrer den Überblick über den Stand jedes Kindes?

Wohl wesentlich besser als in traditionellen Unterrichtsformen. Ich habe, wie schon mehrmals erwähnt, Zeit mitzuarbeiten. Kreative Arbeiten gehen schon im Laufe der Woche bis dreimal durch meine Hände. Am Samstag stellen alle ihre gesamte Wochenarbeit zusammen, machen, wenn nicht schon früher geschehen, auf dem Programmblatt die Selbstbeurteilung und geben mir Arbeiten und Programmblatt (Seite 81) ab.
Einiges habe ich schon unter der Woche gesehen, doch ich schaue noch einmal alles durch und schreibe den kurzen Bericht auf das Programmblatt: lobe, was zu loben ist; rüge, was zu rügen ist.
So erfahre ich also regelmässig, wo jedes Kind steht.

Das Projekt

Zeit haben zu verweilen an einer einmal begonnenen Arbeit, daher also das Wochenprogramm.
Zeit haben zu verweilen bei einem Thema; Zeit haben, sich mit einer Sache eingehend zu befassen, daher die Projektarbeit.

Die Abfolge der Projektthemen wird sich der Lehrer einer vielstufigen Klasse in eigener Regie zusammenstellen; der Lehrer der fünfstufigen Klasse meist über fünf Jahre hin, selbstverständlich nicht in starrer Form, sondern mit vielen Leerstellen noch, die kurzfristiger, auch spontan, gefüllt werden können.
Der Lehrer der Jahrgangsklasse, der eine Klasse oft nicht mehr als zwei Jahre begleitet, wird sich wohl enger an den Lehrplan halten, um für die Schüler Wiederholungen und im Lehrerzimmer Streit mit den Kollegen zu vermeiden. Da leistet der Lehrplan einen nützlichen Dienst; wichtiger am Lehrplan sind trotz allem die grundsätzlichen Gedanken, die Leitideen, die im Kanton Bern zum Beispiel den Lehrerinnen und Lehrern Freiräume anbieten, die meist aus Furcht vor reklamierenden Eltern leider immer noch bloss zu einem winzigen Bruchteil genutzt werden.
Eltern, denen jedes Schrittchen in diese Freiheit schon zu weit geht, kennen die Telefonnummer der Lehrerin bald schon auswendig.
Eltern, die es bedauern, dass die Lehrerin ihres Kindes die angebotenen Freiräume nicht besser nutzt, sind da zurückhaltender.
So erhalten Lehrerinnen und Lehrer ein falsches Bild; sie lassen sich einschüchtern durch einseitige Kritik.
Also, liebe Eltern, die ihr bedauert, dass die Staatsschule noch lange nicht das ist, was sie von Staates we-

gen sein sollte, übt euch nicht in falscher Zurückhaltung. Meldet auch ihr euch, denn ihr kennt den richtigen Tonfall, mit der Lehrerin eures Kindes zu reden. Ihr wisst, dass auch Lehrerinnen und Lehrer auf Dank und Anerkennung angewiesen sind. An euch ist es, ihnen Mut zu machen, neue Schritte zu wagen, Schritte nach vorn.

Es ist durchaus denkbar, dass ab und zu die Schüler selber ein Projektthema bestimmen. Es wird dem aufmerksamen Lehrer nicht schwerfallen, zu erfahren, ob ein auf diesem Wege gewähltes Thema dem Wunsch vieler Kinder entspricht oder ob es ein ziemlich beliebiger Vorschlag eines einzelnen aus dem Moment heraus ist.

Es gab ja auch eine unselige Zeit, da nur ein ganz und gar von den Schülern bestimmter Unterricht als fortschrittlich galt. Wer daran glaubte, sah meist nicht, dass anstelle der Lehrerautorität die immer gleichen Vorlauten und mit ihnen der bare Zufall den Unterrichtsverlauf bestimmten. Es war die Zeit, da ich gerade jene Praktikantinnen und Praktikanten, die an einer fortschrittlichen, kindergerechten Schule interessiert waren, auffordern musste, doch bitte nicht so zu tun, als wären sie den Kindern, was Wissen und Überblick betrifft, kein Schrittchen voraus.

Nun also: die Lehrerin gibt das Projektthema vor, zum Beispiel das Thema «Wohnen». Ein Quartal, sieben Wochen lang, soll sich die 3./4. Klasse in möglichst vielen Bereichen des Unterrichts vorwiegend mit dem Wohnen befassen.

Die Lehrerin weiss, dass sie bei diesem Thema ausgehen kann von reicher Erfahrung: alle Kinder wohnen, sie wohnen seit sie da sind, sie wohnen unterschiedlich, aber alle sind in dieser Sache kompetent.

Projekt W O H N E N

Deutsch	Lebenskunde	Geschichte	Geografie	Biologie Physik Chemie	Zeichnen/Werken	Mathe
Wohngeschichten	Bauberufe	Wohngeschichte:	Andere Völker	Staubsauger	Haus aus	Was kostet:
Hausfrau	Abwart	von der Höhle zur	andere Sitten	Baumaterial: Holz/Stein	Kartonschachtel	ein Bauplatz
Hausmann	Hausfrau/mann	Attikawohnung	andere Wohnungen	Kunststoffe	Schlüssel	eine Wohnung
Nachbar/in	Mieter	Baugeschichte	Tipi	Wohngifte	Fenster/Aussicht	ein Haus
	Nachbar/in	Bastille	Nomaden			Wohnraum
Etagen	Gemeinschaft	Epochen	Zigeuner	Garten	Einrichtung	berechnen
Keller	Sippe	Sippe	Zelt	Mäuse+Ratten	Möbel	Hypothek
Estrich	Familie	Grossfamilie	Wolkenkratzer	Nest	Möbelkatalog	Mietzins
Fenster	Einsiedler	Familie	Heimat	Stall	Möbel Pfister	
Aussicht	Heimat	Soziales Ge-	Einzelhaus	Haustiere	Wohnstil	Massstab
Geräusche	Eigentum	fälle: Arbeiter-	Weiler		Aesthetik	von Plänen
Lärm	Etagen	wohnung / Villa	Dorf	Schneckenhaus	Küchenplättli	
Möbel	Keller	Etagen	Stadt		Tipi bauen	
Zelt	Estrich	Schloss	Quartier	Heizen	Schneckenhaus	
Ferienwohnung	Dächer	Burg	Wohnstrasse	Kamin	Baumhütte	
Hotel	Einrichtungen:	Kloster	Hausnummer	Lärm	Traumhaus	
Zügeln	kalt/warm/ge-	Dorf	Ortsplanung	Elektrizität	Puppenstube	
	mütlich	Stadt				
Quartier	Möbel	Heimat	Wohnwagen		Dächer und	
Garten	Schlafen	Gemeinschaft	Ferienwohnung	ARA	Kamine	
Kaminfeuer	Aesthetik	Bauberufe hist.	Hotel	Bauen:	Laubhütte	
Schlüssel	Existenzminimum	Hausfrau/mann	Hausboot	Kataloghaus	Garten	
Ratten+Mäuse	Luxus		Ballenberg	Fertigelement-		
Hausfriedensbruch	Nest	Wohnen in 3.Welt		haus	TZ:	
	Garten	WG/Wohnstrassen	Elektrizität	Garage	Zimmerplan	
Baumhütte	Tipi	Zaffaraya	Wasserversorgung	Wolkenkratzer	Wohnungsplan	
Einsiedler	Zelt	Wasserversorgung	Landschaftsschutz		Hausplan	
Clochard	Wohnwagen	Elektrizität	Heimatschutz		Uebebauungsplan	
Mansarde	Hotel	Hygiene	Baudenkmäler			
		Nomaden/Zigeuner	Ballenberg		Modellbogen	
Inserat	WG / Kloster	Eigentum/Spekuation				
Mietvertrag	Laubhütte	Stadt-Land-Initiative				
Kündigung	Briefkasten	Mieterrecht/-schutz				
	Notschlafstelle					
	Zaffaraya					
	Stall/Schlüssel					
	Zügeln					

Sie wird also diese Erfahrung nutzen:
- sie wird versuchen, Selbstverständliches bewusst zu machen
- zum Vergleichen anregen; untereinander und mit Wohnsituationen ausserhalb des Erfahrungsbereiches der Kinder, weltweit
- sie wird also, ausgehend vom Erfahrungsstand der Kinder, neue Informationen zum Thema bereitstellen
- sie wird, wenn nötig, die Kinder ermuntern, Neuland zu betreten und dadurch ihr Wissen über den Bereich Wohnen zu erweitern und bewusster zu machen: so wie ich wohne, ist eine Möglichkeit unter vielen

Je nach Arbeitsweise der Klasse, wird die Lehrerin den nächsten Schritt in dieses Thema allein oder zusammen mit der Klasse tun.

Die Frage: Was alles gehört zum Thema Wohnen? Womit können/müssen wir uns befassen?

Bezieht sie die Klasse mit ein, wird sie also die Kinder auffordern, alle Wörter, die ihnen beim Stichwort WOHNEN einfallen, kunterbunt durcheinander, kreuz und quer an die Wandtafel zu schreiben, oder in Gruppen auf einen grossen Bogen Papier.

Nach dem Unterricht wird sie die Stichworte ordnen nach Fächern und thematischer Abhängigkeit; sie wird die Begriffe vernetzen.

Das Ergebnis (Seite 65) zeigt, dass unser Projektthema – und wir werden selten eines antreffen, bei dem dies nicht der Fall ist – den ganzen Fächerkanon des traditionellen Unterrichts abdeckt, ohne dass man beim Zusammentragen der Unterthemen an die verschiedenen Fächer gedacht hat.

Eltern, die misstrauisch werden, wenn ihre Tochter,

seit die Klasse in Projekten arbeitet, die Wörter «Sprache», «Heimatkunde», «Lebenskunde» nicht mehr braucht und auch keine entsprechenden Hefte mehr führt, können also beruhigt sein. Die Kinder arbeiten nach wie vor in allen Fachbereichen, bloss auseinandergerissen wird der Fächerstrauss nicht mehr; die einzelnen Fächer sind nicht mehr Selbstzweck, Einzellektionen, die man mit ziemlich beliebigen Inhalten füllt.
Ich werde also nicht mehr sagen: Ich habe heute ein rundes Glas gekauft, mit gelbem Blechdeckel. Übrigens ist Konfitüre drin.
Ich werde sagen: Ich habe heute Brombeerkonfitüre gekauft, ohne Zusatzstoffe. Im Glas, ja.
Im traditionellen Lektionenunterricht steht die Lehrerin mit der Klasse jeden Morgen um einen Tisch voller leerer Gläser. Von Lektion zu Lektion sagt sie dann, was «wir» jetzt hineintun. Und wenn ein Kind fragt, warum gerade dies; wird die Lehrerin wohl sagen: damit etwas drin ist.
Im Projektunterricht aber wird die Lehrerin mit der Klasse um einen Tisch voller Früchte stehen, und die Frage wird lauten: Was können wir daraus machen? Antwort: Vieles!

Die meisten Eltern betrachten es als kindliche Eigenart, dass ihre Kinder am Familientisch kaum etwas aus dem Schulalltag erzählen. Der Grund aber liegt wohl nicht so sehr in der Eigenheit der Kinder als in der der Schule: Schule ist in der Regel so monoton und langweilig, dass es bald schon nichts Neues mehr zu berichten gibt.
Arbeiten dann die gleichen Kinder nämlich ein erstes Mal an einem Projekt, beginnen sie zu Hause plötzlich zu erzählen. Jetzt geht es nicht einfach Tag für Tag um Lesenrechnenschreiben, jetzt geht es um etwas, um et-

was Besonderes; wobei zwar auch gelesen, gerechnet und geschrieben wird, wahrscheinlich noch mehr als sonst; doch dieses Tun ist nun einfach Mittel zum Zweck, denn im Zentrum der Aufmerksamkeit steht die Sache selbst, das WOHNEN.
Die Kinder leben sich ins Thema ein, begeben sich ganz hinein, richten sich darin ein.
Jetzt erst «fägt's», und sie beginnen zu erzählen wie zuvor nur von der Schulreise oder vom gemeinsamen Sporttag mit der Schule des Nachbardorfes.

Bevor die Klasse ins Projekt einsteigen kann, hat die Lehrerin aber noch viel vorbereitende Arbeit zu leisten, denn mit dem Ordnen der Unterthemen ist es selbstverständlich nicht getan.
Vorerst kommt die Überlegung, auf welchem Wege die verschiedenen Unterthemen erarbeitet werden könnten. Alles, was die Kinder schliesslich erarbeiten, sollen Fäden sein, die die Klasse gleich zu einem Gewebe verweben wird: die Klasse nimmt also nicht einfach Stoff durch, sie stellt selber «Stoff» her, ein festes Gewebe aus erarbeiteten Gedanken als Frucht der gemeinsamen Arbeit; der «Stoff» als eine den einzelnen «Fäden» sinngebende Tat.
Und damit es eben nicht nach ein paar Tagen schon ein Gnuusch gibt, ordnet die Lehrerin zum voraus die Unterthemen; sondert jene, die einen starken Zettel abgeben können, von allen übrigen, deren Ergebnis dann in den tragenden Zettel eingewoben werden kann. Zettelaufträge sind:
  – Daueraufträge
  – Langzeit-Aufträge
  – eine Folge ähnlicher Kurzaufträge

Das könnten sein:
  – eine das ganze Projekt begleitende Lektüre

- eine Folge literarischer Einzeltexte zum Thema
- Wochengedichte zum Thema
- tagebuchähnlicher Schreibauftrag zum Thema
- eine Folge von Informationen zum Thema

Solche Aufträge werden also während allen Projektwochen im Wochenprogramm erscheinen und in der Regel von allen Schülern oder zumindest abteilungsweise, in Einzelarbeit oder freier Zusammenarbeit ausgeführt. Ein Zettel muss ja, seiner Aufgabe entsprechend, in allen Köpfen angelegt sein als verständnisfördernde, verbindende, sinngebende und alles tragende Grundstruktur.

Alle übrigen Arbeiten (siehe Darstellung Seite 70) liefern nun «Fäden», die in den Zettel eingetragen, eingewoben werden.
Doch auch diese müssen nun vorerst nach ihrem je verschiedenen Zeitaufwand geordnet werden, sonst lassen sie sich ja nicht vernünftig in ein Wochenprogramm einplanen. Die Lehrerin wird also unterscheiden zwischen eindeutigen *Kurzaufträgen* (Zeitaufwand bis maximal 15 Minuten) und *Grossaufträgen* (Zeitaufwand über 15 Minuten bis ein oder mehrere Tage).

Die Kurzaufträge wird die Lehrerin als *Werkstatt,* die Grossaufträge als *Gruppenarbeiten* oder als *Gemeinschaftsaktivitäten* der ganzen Klasse einplanen und entsprechend vorbereiten. Eines ist ganz klar: soll innerhalb weniger Wochen ein lückenloses Gewebe entstehen, dürfen unmöglich stets alle Kinder am gleichen Faden spinnen. Einzelne und Gruppen übernehmen verschiedenste Aufgaben, deren Ergebnis sie dann den andern zur Verfügung stellen. Einzelne und Gruppen tragen so die volle Verantwortung für ihre Beiträge, ihre Fäden. Fällt eines aus, entsteht im

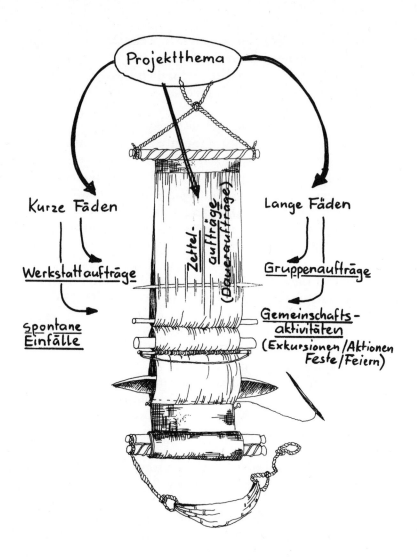

Gewebe ein Loch. Genau diese neue Verantwortung spüren die Kinder, die Lehrerin braucht da kaum etwas davon zu sagen. Die Kinder übernehmen gerne Verantwortung, weil sie erfahren, dass die Lehrerin sie ernst nimmt. Und darin eben liegt die Erklärung für das ganz andere Arbeitsklima: da werden nun plötzlich keine Scheinarbeiten mehr erledigt (wenn ich's nicht mache, was soll's, es sind ja noch 19 andere da, die das gleiche tun), da wird nicht mehr «gschüelerlet», da wird gearbeitet. Die Kinder wollen arbeiten. Die Kinder können arbeiten; sie sind der Lehrerin dankbar für die echte Arbeit; das sieht man, das spürt man. Das Projekt wird so für alle zum Aufsteller.

Doch nun noch etwas genauer zur Unterscheidung der verschiedenen Fäden.
Zuerst zu den langen Fäden, den Grossaufträgen, die wir also vorerst aufteilen wollen in Gruppenarbeiten und Gemeinschaftsaktivitäten.

Gruppenarbeiten sind
- *Erkundungen.* Sie erfolgen mit Vorteil in kleinen Gruppen. Das Interview mit dem Möbelschreiner des Dorfes zum Beispiel. Ginge die ganze Klasse hin, würden ohnehin nur die vier zuhören, die dem Schreinermeister am nächsten stünden. Eines allein wiederum wäre am fremden Ort einer fremden Person gegenüber auch glatt überfordert. Also eine Gruppe; eine Gruppe gibt sich selber Halt, und sechs Ohren hören mehr als zwei.
- *Arbeitsintensive Aufträge,* zum Beispiel der Bau des Modells eines Quartiers ganz nach den Wünschen und Bedürfnissen der Kinder mit allen nötigen Beschreibungen, sind sicher Sache einer Gruppe.

Gemeinschaftsaktivitäten sind
- *Exkursionen,* zum Beispiel der Besuch einer grossen Möbelfabrik, des Freilichtmuseums oder einer Grossbaustelle einer neuen Überbauung am Rande der Stadt, meist verbunden also mit einer kürzeren oder längeren Anreise per Bahn, nun ja, da wollen doch alle dabeigewesen sein; deshalb werden wir mit der ganzen Klasse hinfahren. Es besteht ja dann immer noch die Möglichkeit, an Ort und Stelle die Klasse in Gruppen mit je verschiedenen Teilaufträgen aufzuteilen.
- *Aktionen.* Wenn irgendwie möglich, werden wir in jedes Projekt eine Aktion einplanen, die die Kinder erfahren lässt, dass man in Kopfarbeit gewonnene Erkenntnis auch konkret anwenden kann, anwenden soll.

Beim Thema Wohnen werden sich die Kinder bewusst, wie wichtig die nächste Umgebung, der Garten ist. Weshalb soll nun die Klasse nicht der alten alleinstehenden Frau den Garten, den sie so lieb hat und doch nicht mehr zu bearbeiten vermag, instandstellen?

Beim Thema Bäume/Wald werden Bäume oder Hecken gepflanzt oder ein Stück Wald geputzt.

Beim Thema Lebensraum Wasser an einem Samstag mit Vätern und Müttern zusammen ein kleines Biotop, das zu verlanden droht, wieder freilegen.

Beim Thema Fliegen, zu dem nebst Flugzeugen, Drachen und andern Flugobjekten sicher auch die Vögel gehören, Nistkasten bauen für den Ornithologischen Verein der Gegend.

Übrigens darf es ab und zu eine Aktion sein, die den Kindern selbst zugute kommt. So wäre es durchaus möglich, dass die Klasse auf der Spielwiese beim Schulhaus aus Schwartenholz und Doppellatten (Kosten ca. 150 Franken) ein Spielhaus baut. Auch da gäbe es natürlich für alle genug Arbeit. Und erst recht beim Einweihungsfest wird keines fehlen dürfen.

Kurzaufträge: Werkstatt
Hier geht es also um voneinander unabhängige Aufträge zum Projektthema, die das einzelne Kind jederzeit innerhalb kurzer Zeit ausführen kann. Jeder Auftrag ist auf einer Werkstatt-Karteikarte beschrieben, das darauf vermerkte Arbeitsmaterial steht bereit. Es geht bei diesen Aufträgen vor allem ums
    Beobachten
    Entdecken
    Zuordnen
    Wortschatzerweiterung im Bereich des Projektthemas
    Erkennen und Bewusstmachen von Zusammenhängen

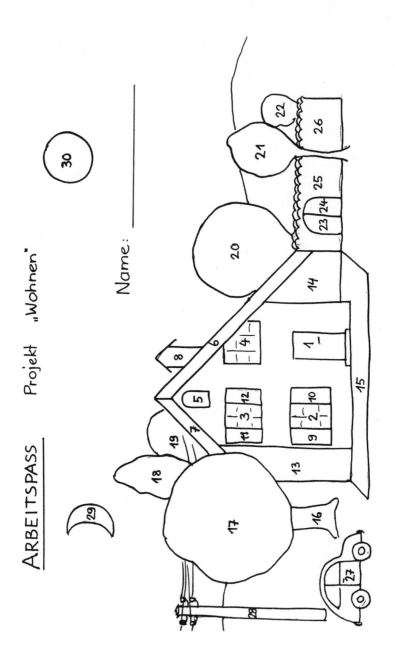

| 6 | D | WOHNEN |  L |

Wohnungsinserat im Kopfstand

> Zu vermieten per 1.3.1989
> am Hofgutweg 2
> sehr grosse, sonnige
> **4-Zimmer-Wohnung
> im 2. Stock**
> mit Balkon, Abstellraum,
> Keller, Estrich, Parkplatz.
> Spannteppiche in allen
> Zimmern.
> Mietzins: Fr. 1475.- inkl.
> NK für HZ/WW.
> Auskunft: Tel.
> ab 19.00 Uhr

> Zu vermieten per 1.3.1989
> am Hofgutweg 2
> sehr kleine, schattige
>
> 4-ZIMMER-WOHNUNG
> IM 2. STOCK
>
> ohne Balkon, Abstellraum,
> Keller, Estrich, Parkplatz.
> In keinem Zimmer
> Spannteppich.
>
> Mietzins: Fr. 5741.- exkl.
> NK für HZ/WW.
>
> Auskunft: Tel.
> ab 19 Uhr

Auftrag: - Suche in alten Zeitungen ein Wohnungsinserat
(eines, in dem die Wohnung ein wenig beschrieben ist).
- Schneide das Inserat aus, klebe es auf ein Ordnerblatt und stelle es, wie das Beispiel zeigt, auf
den Kopf.

Zu den Abkürzungen in Wohnungsinseraten:

inkl. NK für HZ/WW =   inklusive Nebenkosten für Heizung und Warm-
                      wasser, das heisst: die Nebenkosten (NK)
                      seien im Mietzins inbegriffen; der Mieter
                      muss nicht mehr als die angegebene Miete
                      bezahlen.

Das Gegenteil:

exkl. NK =   exklusive Nebenkosten, das heisst: die
                      Nebenkosten kommen zum Mietzins noch dazu;
                      die Nebenkosten sind nicht inbegriffen.

| G | WOHNEN |  K |

Bauen und Wohnen im Mittelalter

Die Häuser waren im Fachwerkstil errichtet. In der Hauptsache bestand das Haus aus meist eichenen Balken, und die Zwischenräume zwischen den Balken waren mit Lehm beworfenes Flechtwerk. Dieses Flechtwerk war eine Matte aus verschränkten Ruten und Rohrhalmen, und um es zu verstärken und abzudichten, wurde Lehm oder Schlamm darübergeschmiert. Die Dächer waren mit Schieferplatten oder mit Holzschindeln gedeckt.

Der Fußboden bestand aus gestampftem Lehm und wurde mit gehackten Binsen bestreut. Eine einzige Feuerstelle lieferte Wärme und mußte gleichzeitig den Raum erhellen, denn die Fensteröffnungen waren im allgemeinen sehr schmal und meistens mit geöltem Schaf- oder Ziegenleder bespannt.

Dein Auftrag steht auf der Rückseite.

Auftrag:
- Lies den Text
- Frage nach, wenn du Wörter nicht verstehst.
- Vergleiche die Bauweise des Mittelalters mit unserer Bauweise heute.
  Zeichne zu diesem Zwecke auf ein Ordnerblatt die folgende Tabelle und fülle sie aus.

Projekt WOHNEN BAUEN FRÜHER UND HEUTE		Nr. *15*
	Mittelalter	Heute
Mauern	*Balken, Flechtwerk, Lehm*	
Dach		
Fussboden		
Heizung		
Licht		
Fenster		

(Wenn du über das Bauen im Mittelalter noch mehr wissen möchtest, hole dir in der Bibliothek das Buch von David Macaulay "Es stand einst eine Burg". Dieser Auftrag ist eine Seite aus diesem Buch.)

Gg Z / RL WOHNEN

BAUZONE

Ihr seid jetzt Bussarde und fliegt gerade über das Feld
am Rande des Dorfes, auf dem fünf neue Einfamilien-Häuser
gebaut werden sollen.
Auf dem Arbeitsblatt ist das Feld gleich zweimal abgebildet.
Dem Auftrag liegen die fünf Häuser bei, auch sie von oben
gesehen.

Auftrag: - Ordnet die Häuser auf dem oberen Feld so an,
wie es für euch Kinder am schönsten wäre, dort zu
wohnen.
- Wenn sie richtig stehen, zeichnet mit einem Schreib-
stift die Umrisse der Häuser nach.
- Zeichnet nun auch, was mit dem freien Umschwung
geschehen soll. Schreibt wenn nötig die einzelnen
Teile an.

- Unteres Feld: Ordnet hier die Häuser so an, wie
sie wahrscheinlich tatsächlich aufgestellt werden.
- Zeichnet auch hier ein, wie der Umschwung eingeteilt,
was mit ihm gemacht wird.

Diskutiert zusammen über die Vor- und Nachteile eurer Lösung.

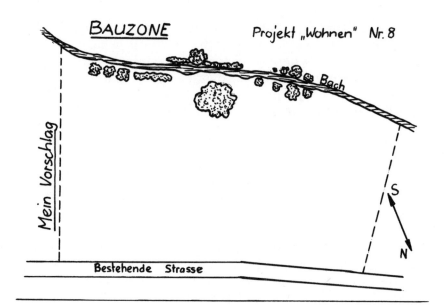
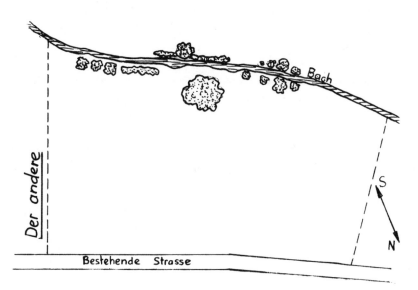

Werkstatt-Aufträge sind in der Regel voneinander unabhängig. Die Kinder können sie also in beliebiger Reihenfolge durcharbeiten. Jeder Auftrag trägt eine Nummer, die auch auf dem Arbeitspass aufgeführt ist. Ist ein Auftrag erledigt, malt das Kind das entsprechende Nummernfeld auf dem Arbeitspass aus. Der Pass dient also dem Kind zur persönlichen Kontrolle, und auch die Lehrerin kann sich dank dieser Pässe einen Überblick verschaffen über den Arbeitsstand der Klasse.
(Beispiele von Werkstatt-Aufträgen, Seiten 75–79. Der Arbeitspass, Seite 74)

Nun erst ist das Projekt startklar.
All jene Eltern, die immer wieder das Gefühl haben, Lehrerinnen und Lehrer würden ihren Lohn zu leicht verdienen, ahnen nun vielleicht, wieviel vorbereitende Arbeit, Nachtarbeit zu einem schönen Teil, in ein Projekt gesteckt werden muss, bevor dieses in die Klasse kommt.

Projekt WOHNEN 1. Woche
Die Lehrerin hat das erste Wochenprogramm aufgestellt.
Es könnte für die Schülerin Anna so aussehen:

3./4. Kl.
WOCHENPROGRAMM von __Anna__ **15. WOCHE**

Mein Auftrag:	erl.	So sehe ich m. Leistung
Mathematik: A34 A35 241 244 247 Plättliböden A, Häuser A		☺ 😐 ☹
Vortest: Haupttest:		

Projekt — Thema: Wohnen   1. Woche

🧍 Mein Zimmer beschreiben. R
Wie andere Völker wohnen A
Geschichte: Blöcke und Häuser
    Fragenblatt
🧍🧍 Küche heute - Küche früher

🧍🧍🧍 Mi Besuch im Bauernmuseum

Werkstatt: 6 Karten

Zeichnen: Aussicht aus m. Zimmer

So war ich zu den andern:

Wochengedicht: Burren: hus u. hütte
Singen: Matter: hansjakobli
Freier Text: Im Wald   Nr. 6   A V K R D
Freie Arbeit: Kork flechten

Anmerkung des Schülers / der Schülerin:

Anmerkung des Lehrers:

Wir haben uns dieses Programm angeschaut. Die Eltern: _ _ _ _ _ _ _ _ _ _

Ein Vater denkt kritisch mit. Er findet im neuen Unterricht alle Elemente des traditionellen Unterrichts, die ihm erhaltenswert scheinen, in grösstenteils verwandelter Form wieder eingebracht, nur eines vermisst er noch: die Proben.
Daher seine Frage: Gibt es keine Proben mehr? Die Frage nach der Lernkontrolle also. Oder vielleicht doch eher das Vermissen eines scheinbar unentbehrlichen Druckmittels?

Auf Proben als Druckmittel können wir im Projektunterricht getrost verzichten.
Eine Lernkontrolle dagegen wollen wir trotzdem beibehalten. Sie hat aber nicht in jedem Projekt den gleichen Stellenwert.
Im Projekt «Wohnen», in dem wir vor allem mit den persönlichen Erfahrungen der Kinder arbeiten wollen, steht der Austausch dieser Erfahrungen im Vordergrund und eine Lernkontrolle erübrigt sich weitgehend. Trotzdem können wir uns aus den Darbietungen, Interviews und Berichten der Kinder laufend Merk-würdiges notieren und entsprechende Fragen auf Kärtchen schreiben. Weitere Fragekärtchen ergeben sich aus der Werkstatt. Diese Kärtchen können die Kinder nebenbei jederzeit durchgehen, allein oder zu zweit in der Form eines Frage-und-Antwort-Spiels. Weiss eines eine Antwort nicht mehr, fragt es bei dem, auf dessen Darbietung sich die Frage bezieht, noch einmal nach. So muss jedes den Inhalt seiner Darbietung, auch wenn diese schon Wochen zurückliegt, präsent halten; die Kinder helfen sich auf diese Weise ein weiteres Mal, ohne Zutun des Lehrers, lernen. Die Fragen hat die Lehrerin/der Lehrer geschrieben, weil sie/er mit grösserer Sicherheit zu entscheiden vermag, was wesentlich, was merk-würdig ist.
Die Kinder wissen, dass diese Fragekärtchen Grundla-

ge der einzigen Probe innerhalb eines Projekts sind. Jedes Kind kann die Fragen, so manches Mal wie es ihm nötig scheint, durcharbeiten. Die Erfahrung zeigt, dass auf diesem Wege alle zu einer guten Note, mindestens aber zu einer genügenden kommen, weil Proben auf diesem Wege ja vor allem auch eine Sache des Fleisses sind und also auch gerade die Schwächeren zu einem schönen Erfolg kommen können.

Denn wie gedankenlos werden doch oft Proben angezettelt: «Schaut euch bis Samstag alles über die alten Eidgenossen an (16 Heftseiten), es wird eine Probe geben.»

Alle Schwachen und alle, die den Fünfer gerne gerade sein lassen «schauen die Seiten an», tatsächlich; das heisst, sie blättern das Heft Seite für Seite durch und schreiben dann ihre Zwei oder Drei, wenn's hoch kommt; dabei haben sie die Sache doch angeschaut, auf Geheiss der Mutter sogar ein zweites Mal.

Wie viele lerntechnische Schritte werden doch da gedankenlos vorausgesetzt, ohne dass wir uns Rechenschaft ablegen, ob denn die Kinder überhaupt wissen, was dieses leichtfüssige «Anschauen» bedeutet.

Es gibt aber noch weit wesentlichere Formen der Lernkontrolle.

Umweltbewusste Biologen sagen: Beim Land- und Gartenbau geht es nicht in erster Linie um die Früchte, sondern um das Erhalten der Bodenfruchtbarkeit.

Übertragen wir diesen Gedanken auf die Arbeit in der Schule, heisst es:

Beim Lernen in der Schule geht es nicht in erster Linie um das gewonnene Wissen, sondern um das Erhalten der Lernfreude.

Ja, ob ein Kind mit Freude lernt, ob es mehr und mehr beginnt, selber Fragen zu stellen, das ist der wesentlichste Gradmesser für den Lernerfolg.

An zweiter Stelle nun kommen die Früchte, die Arbeiten der Kinder, die im Laufe der Projektzeit entstanden sind. Diese Früchte dienen der Lernkontrolle, freilich nur, wenn wir sie nicht einfach in einem Ordner unter dem Pultdeckel kompostieren.
Wie gross ist doch die Freude der Kinder und der Eltern, wenn wir all die schönen Arbeiten zusammentragen: Gedichte und Geschichten der Kinder, Skizzen, Zeichnungen, Interviews, Berichte; wenn wir alles selber binden zu einem handwerklich sauberen Buch mit Leinwandrücken, festen Deckeln, die Deckel überzogen mit selbstgemachtem Kleister- oder Marmorpapier, der Titel gedruckt.

Was ist es denn, das Schule oft so grau, so trist, so freudlos macht?
Oft kommt es mir vor, wie wenn Lehrerinnen und Lehrer mit ihrer Klasse einen grossen Garten anlegen würden. Sie graben um, hacken, lesen die Steine, auch die kleinen, auf und tragen sie weg. Sie pflanzen an und säen, Salat und allerlei Gemüse, Blumen auch, Rittersporn, Dahlien. Sie tragen Wasser und lockern die Erde, immer wieder. Unkraut lassen sie gar nie hochkommen.
Doch kaum schlägt der erste Salat zum Kopf zusammen, kaum färbt sich die erste Blumenknospe rötlich, kehren sie ihrem Garten den Rücken, gehen weiter, als sei da nichts gewesen.
Wer mit Liebe und Hingabe gesät hat, will doch auch ernten.
Die Früchte, die Freude an diesen Früchten, sind der Lohn der Arbeit. So erleben wir denn den Abschluss eines Projekts wie ein Erntedankfest.
Freilich muss das Ergebnis, die Frucht der Arbeit nicht immer, oder nicht nur, ein Buch sein.
Warum nicht einmal als Abschluss eines Baum- oder

Waldprojekts ein kleines Waldfest mit den Eltern? Ein Fest mit Spielen, Wald- und Baumliedern, selbstgeschriebenen Waldgedichten, einem Waldlehrpfad, den die Kinder selbst angelegt haben und an dem die Eltern nun ihre eigenen botanischen Kenntnisse auffrischen können. Und vielleicht gibt es zum Kaffee eine selbstgebackene Baumroulade oder Brot mit selbstgemachtem Tannschössli-Honig.

Célestin Freinet, der französische Reformpädagoge, fragt sich und uns:

> So intensiv zu leben
> wie nur möglich,
> liegt nicht dort
> im Endeffekt das Ziel
> unserer Anstrengungen
> und sollte es nicht
> die wesentliche Aufgabe
> der Schule sein,
> die optimalen Möglichkeiten
> zu entwickeln
> um dieses Ziel zu erreichen?

Das Jahresprogramm

Als Klasse auf Gedeih und Verderben aneinander gekettet zu sein, zum Beispiel während der Lektion, in der alle gemeinsam eine Geschichte lesen, eines nach dem andern einen Abschnitt laut vorliest, oder wenn alle gleichzeitig die gleiche Mathematikaufgabe zu lösen haben, solche und ähnliche Situationen wecken in vielen Kindern sehr bald das Bedürfnis abzuspringen, die einen, weil es ihnen viel zu langsam geht, die andern, weil es ihnen viel zu schnell geht: sie steigen aus, sie machen zu, sie schalten ab, sie löschen ab (oder wie all die schönen Begriffe aus der Welt der Apparate heissen).
Wer diesen Schultrott kennt – und wer kennt ihn denn nicht! –, wird nun annehmen, dass alle die Methode des Wochenprogramms nutzen würden, um auf eigene Faust, im eigenen Tempo voranzukommen.
Die Wirklichkeit beweist aber das Gegenteil: zwar empfinden es praktisch alle als Erleichterung, nicht mehr von den andern abhängig zu sein, und doch wird viel mehr und echt zusammengearbeitet, denn die herkömmliche Arbeitsweise war ja auch keine Zusammenarbeit: man ist im Takt, in Reih und Glied marschiert und lief dauernd Gefahr, aus dem Takt zu fallen; nun aber gleicht die Arbeit eher einem Langstreckenlauf, in dem es nicht darauf ankommt, der Erste, Zweite oder Letzte zu sein, sondern bloss, dass alle durchs Ziel kommen. Selbstverständlich sind da die Ehrgeizigsten gleich allein losgestürmt, doch nach wenigen Wochen schon haben sie bemerkt, dass es viel angenehmer ist, mit andern etwa gleicher Kondition zusammenzuspannen, um gemeinsam zu laufen; und immer wieder nimmt eine Gruppe einen am Wegrand Stehenden ein Stück weit mit.

Weil die Kinder nicht alleine arbeiten *müssen*, arbeiten sie ab und zu auch ganz gerne alleine.
Weil sie nicht in Gruppen arbeiten *müssen*, arbeiten sie gerne auch in Gruppen.
Eines ist klar: die Befreiung vom Gruppenzwang und von jeder noch so milden Form von Kollektivhaftung, im Stile «Wir gehen nicht in die Pause, bevor der letzte die Aufgabe sauber und richtig gelöst hat», gibt den Kindern Mumm zum Arbeiten. In diesem neuen Klima, das geprägt ist vom selbstverständlichen Arbeitswillen der Mehrheit, lässt sich auch mancher chronische Hänger immer wieder anstecken: arbeiten tut ja gar nicht weh; vom Lesen wird man ja gar nicht blind und vom Rechnen nicht lahm: Arbeiten ist ja gar keine Strafe.

Die Methode, die aus dem eingefleischten Schlarpi einen Spitzenläufer macht, muss erst noch erfunden werden. Wenn also einer, der auch im alten Lektionenmarsch immer wieder auf der Strecke geblieben ist, auch heute das Ziel, das vollständige Wochenprogramm, selten ganz erreicht, gibt dies sicher niemandem das Recht, die Tauglichkeit dieser Arbeitsform in Grund und Boden zu verdammen.
Nein, die erfreuliche Wirkung dieser Arbeitsform hat mich bald schon ermutigt zu überlegen, ob denn die meisten Kinder nicht in der Lage wären, ihre Arbeit über einige Wochen, statt nur über eine einzige zu planen. Eine Ausdehnung in dieser Art bieten heute denn auch grössere Projektaufträge, die zum Teil innerhalb einiger Wochen ausgeführt werden müssen.

Einen noch viel grösseren Schritt haben wir dann aber bald in der Mathematik gewagt.
Die Mathematik ist, besonders in der Mehrstufenklasse, nur mit unheimlichem Arbeitsaufwand in ein Pro-

jekt integrierbar. Sie führt daher im Projektunterricht ein Eigenleben und bietet gerade deshalb die neue Möglichkeit: den Schritt vom Wochenprogramm zum Jahresprogramm.

Ein Lehrmittel soll dem Kind gerecht werden, nicht das Kind dem Lehrmittel. Ein Lehrmittel, das die Kinder mehr entmutigt als anregt, ist daher ungeeignet.
So fand ich bisher die neuen Zürcher Lehrmittel für meine Schülerinnen und Schüler geeigneter als die neuen bernischen. Die Zürcher Lehrmittel sind lebensnaher, weniger kopflastig. Durch das längere Verweilen bei einem bestimmten Thema (!) bieten sie auch dem unsicheren Rechner die Möglichkeit, Kompetenz und Sicherheit zu erlangen, Erfolg zu erleben. Daher zeige ich das System des Jahresauftrags anhand des Zürcher Real-Stoffes «Rechnen 3» (9.Klasse also).

Einige Grundbedingungen des Jahresprogramms lauten gleich wie die des Wochenprogramms:
das Kind soll
- klar überblicken können, was innerhalb des vorgegebenen Zeitraumes von ihm erwartet wird
- die Abfolge der einzelnen Kapitel (Aufträge) frei wählen können
- unabhängig von Lehrer und Mitschülern ein neues Kapitel anpacken können
- seine Arbeit selber kontrollieren dürfen

Zu Beginn des Schuljahres wird also das Jahresprogramm-Blatt (Seite 89), das zugleich Arbeitspass ist, zusammen mit dem Lehrmittel ausgehändigt.
In der ersten Kolonne sind die verschiedenen mathematischen Themen, wie sie auch im Lehrmittel unter gleichem Namen und in der gleichen Reihenfolge zu finden sind, aufgeführt.

MATHEMATIK JAHRESPLAN _9_. KLASSE   Name_ _ _ _ _ _ _ _ _ _ _

Thema	Erklärung	Zeit in W. ca.	Info	Tests Vortest	Hauptt
Negative Zahlen	Negative Zahlen sind Zahlen, die das Vorzeichen "Minus" haben. Du lernst sie verstehen, mit ihnen rechnen. Beispiel:Temperaturen	5	9.1		
Marchzinsrechnen	Berechnen von Kapital- und Schuldzinsen für einen Bruchteil des Jahres	6	9.2		
Flussdiagramme	Arbeiten nach Auftragsplänen wie man sie am Computer verwendet	3	9.3		
Kleinkredit / Abzahlungsgeschäfte	Banken bieten in Zeitungen Geld an (zu hohen Zinsen!) Wer ein Auto will und doch kaum Geld hat, kann ein Abzahlungsgeschäft eingehen. Dieses Kapitel zeigt dir die grossen Gefahren von Kleinkredit und Abzahlungsg.	4	9.4		
Kassenbuch	Wie führt man als Kassier eines Sportvereins das Kassenbuch ? Das lernst du in diesem Kapitel.	3	9.5		
Vom Moped zum Auto	Fahrzeuge kosten nicht nur bei deren Kauf. Betriebskosten und Amortisation (d.h. laufende Wertverminderung des Fahrzeugs) müssen mitgerechnet werden.	2	9.6.		
Fremdes Geld	Wer ins Ausland fährt, muss mit fremden Währungen umgehen können. Wie man das leicht und schnell tut, lernst du in diesem Kapitel.	3	9.7		
Sparheft/Salärkonto	Viele Arbeitgeber zahlen die Löhne nur noch via Bank aus, auf ein Lohnkonto (Salärkonto). Aber auch du als Lohnempfänger kannst der Bank das Begleichen all deiner Rechnungen übertragen.	3	9.8		
Wiederholungen 4	- Ein Treibhaus wird eingerichtet. Welche Bepflanzung rentiert ? - Noch einmal negative Zahlen	2	9.9		
Rohstoffreserven	Eisen, Erdöl, Kohle,Aluminium. Wie lange reichen die Vorräte noch aus (Arbeiten mit Flussdiagrammen)	2	9.10		
Wiederholungen 1	Algebra, Gleichungen mit 1 Unbek. Dreisatz		9.11		
Wiederholungen 2	Brüche, neg.Zahlen, Verteilen		9.12		
Wiederholungen 3	Gleichungen mit Brüchen, Prozentrechnen, Mischungsrechnungen		9.13		
Wiederholungen 5	Primzahlen. Quadrat- und Kubikwurzeln ziehen mit Hilfe des Flussdiagramms		9.14		

(fak.)

Die zweite Kolonne liefert dazu eine kurze Erklärung; worum es geht, denn wer frei wählen soll, will auch erfahren, was alles es da zu wählen gibt.

Wenn der Schüler über ein ganzes Jahr hinweg sich eine Arbeit selber einteilen muss, will er schon nach wenigen Wochen wissen, ob er bei der vorgegebenen Stoffmenge in Sachen Arbeitstempo ungefähr richtig liege. Dazu liefert ihm die dritte Kolonne mit der ungefähren Vorgabezeit in Wochen einen Anhaltspunkt.

Nun also entscheidet sich jedes für ein Thema, mit dem es einsteigen will, wobei auch da wieder Kinder mit ähnlichem Arbeitstempo sich meist zusammenschliessen und also gemeinsam beraten, womit sie beginnen wollen. Haben sie sich entschieden, holen sie sich innerhalb der Wochenprogrammzeit aus dem bereitstehenden Ordner die Info-Blätter zum gewählten Thema.

Die Info-Nummer ist auf dem Programm-Blatt in der vierten Kolonne aufgeführt. Diese Info-Blätter führen in das bestimmte Mathematik-Thema ein, erläutern Fachbegriffe und zeigen an Beispielen, klar gegliedert, Schritt für Schritt, Lösungswege; sie ersetzen die klassische Einführungslektion des Lehrers. Die Kinder können sich also unabhängig vom Lehrer in ein neues Gebiet einarbeiten und sind so meist nur noch auf wenig Hilfe durch den Lehrer angewiesen; die Pfiffigen schaffen es überhaupt ohne Lehrer.

Und dann beginnen sie zu üben, treffen selber eine Auswahl an Aufgaben; Unsichere lassen sich durch mich eine Auswahl vorgeben. Sie üben, kontrollieren, verbessern und holen sich die Hilfe des Lehrers nur, wenn sie auch im zweiten oder dritten Anlauf nicht zum richtigen Resultat kommen. Jedes übt so lange, bis es das Gefühl hat, die Materie zu beherrschen.

Ist es soweit, holt es sich den Vortest. Erreicht es in diesem mindestens Note 4 – da gibt es nun Noten, die Tests sind zum voraus geeicht –, kann es an den Haupttest gehen, der den gleichen Stoff in etwas komplexeren Aufgaben und mit komplizierterem Zahlenmaterial prüft. Schliesst es auch da mit mindestens einer Vier ab, kann es mit dem nächsten Kapitel beginnen.

Nur wer ein Gebiet auf dem beschriebenen Wege abgeschlossen hat, darf mit einem neuen Kapitel beginnen. Mit dieser Regel verhindern wir, dass alles ein wenig angeknabbert und doch nichts ganz gegessen wird. Die Noten von Vortest und Haupttest tragen die Schüler – und nur sie! – in ihr Programmblatt in die fünfte und sechste Kolonne ein; die Noten sind für sie so auch gleich das Zeichen für «erledigt».

Die letzte Mathematikaufgabe des Jahres besteht darin, dass die Kinder sich ihre Zeugnisnote ausrechnen. Einige Leserinnen und Leser werden sich nun fragen, wo in diesem System denn Rücksicht genommen werde auf die schwachen Mathematiker. Worin äussert sich, um im Fachjargon zu reden, die innere Differenzierung?

Ja, dieses Programm, mit seinen vorgegebenen, geeichten Tests, wirkt auf den ersten Blick tatsächlich recht starr. Trotzdem gibt es Möglichkeiten, auf schwache Rechner Rücksicht zu nehmen:
- Sehr Langsame werden eben, trotz Vorgabezeit, nicht ganz alle Themen beackern. Sie werden aber trotzdem gross und stark werden; denn wer sagt eigentlich, dass es dies, gerade dies, und so und soviel zu leisten habe? Ein Lehrmittel ist ein Lehrmittel und kein Heiligtum.
- Für eindeutig schwache Rechner können wir zum voraus festlegen, dass sie mit den Vortests abschliessen können.

- Eine weitere interessante Differenzierung hat sich durch das Verhalten der Kinder selber ergeben. Gute Mathematiker schliessen oft mit 5 oder 5-6 den Haupttest ab und sind dann mit sich ganz und gar nicht zufrieden. Sie wünschen den Test noch einmal machen zu dürfen. So sind nach und nach zu den meisten Haupttests Paralleltests entstanden. Diese schliessen sie dann meist mit einer blanken Sechs ab, weil sie ja nun genau wissen, was sie falsch gemacht haben.

  Andererseits sind Schülerinnen und Schüler, deren Ehrgeiz nicht im Gebiet der Zahlen und des abstrakten Denkens zu Hause ist, mit einer Vier mehr als zufrieden.
- Extrem Schwache (Kleinklassenschüler innerhalb der Regelklasse) haben ohnehin ihre eigenen, ihren Möglichkeiten entsprechenden Lehrmittel.

Wirkt schon der Freiraum des Wochenprogramms auf den Arbeitswillen des Kindes anspornend, so erst recht das Jahresprogramm.

Hansueli, ein sehr versierter Mathematiker, der daher auch den Wahlfach-Unterricht in Mathematik besucht, hat mit dem Kapitel «Negative Zahlen» begonnen. Vorgabezeit: sechs Wochen.

Er studiert das Info, beginnt zu üben. Nach einigen Aufgaben blättert er das ganze Kapitel durch und sagt dann zu mir: Aber das haben wir im Wahlfach ja schon alles gehabt. Ja also, antworte ich, dann holst du dir eben gleich den Haupttest. Er schaut mich zuerst etwas ungläubig an, aber dann holt er den Test, macht ihn und schliesst prompt mit einer Sechs ab. Also, sage ich wieder, Note eintragen und weitermachen, das nächste Kapitel. Er strahlt übers ganze Gesicht: aha, so

geht das, eben erst begonnen und schon mehr als fünf Wochen Vorsprung auf das Programm.
Ja, so geht das.
Wir üben nicht Sachen, die wir schon beherrschen.
Wir brauchen Zeit und Kraft, um Neuland zu erobern.
Darin liegt der Unterschied begründet zwischen *Beschäftigung* und *Arbeit*.
Weil die Schule die Kinder so viel *beschäftigt,* statt sie *arbeiten* zu lassen, hat Schule überhaupt für viele Schulentlassene zu Recht einen schalen Nachgeschmack. Sie ist sogar, wo fast nur noch beschäftigt wird, erzieherisch eindeutig schädlich. Das ist Stanniolglätterei, von Menschen notabene, die wissen, dass am Abend das Geglättete wieder zerknüllt wird und morgen das gleiche Material auf die Pulte kommt. Blosse Beschäftigung untergräbt das Selbstwertgefühl der jungen Menschen, die sich zum Glück gelegentlich wehren, weil sie spüren, dass sie Besseres verdient hätten.
Nur durch schöpferische Arbeit kann der Mensch auch innerlich wachsen und gedeihen.

Besucher schreiben «Schulberichte»

Die meisten in diesem Buch festgehaltenen Unterrichtserfahrungen stammen aus der Oberschule Gurbrü.
Über Jahre hin gab es oft keine Woche, in der nicht mindestens eine Gruppe uns und unsern Unterricht besucht hat, um zu erfahren, ob die Wirklichkeit so sei, wie ich sie in Vorträgen, Kursen, Diskussionen und Artikeln immer wieder beschrieben habe.
So möchten bestimmt auch viele, nachdem sie dieses Buch gelesen haben, die Oberschule Gurbrü sehen. Es gibt sie nicht mehr.
Rapide sinkende Schülerzahlen waren ein zwingender Grund, die zweiklassige Dorfschule auf eine einzige Klasse zu reduzieren.
Der Autor des Buches bot der Gemeinde an, eine Gesamtschule im Geiste seiner vielbeachteten Musterschule zu schaffen.
Die Verantwortlichen der Gemeinde machten von diesem Angebot nicht Gebrauch. Was die Fachwelt bewundernd zur Kenntnis nimmt, braucht ein Bauer noch lange nicht gut und nötig zu finden.

Das Leben und Schaffen der Oberschule Gurbrü hat zahlreichen Kolleginnen und Kollegen, die uns besuchten, Mut gemacht, in ihrer eigenen Klasse erste Schritte auf einem ganz neuen Weg zu wagen. In diesem Sinne, hoffe ich, wird die Oberschule Gurbrü noch einige Zeit weiterwirken, auch wenn es sie nicht mehr gibt.
Viele Besucher haben nach dem Schulbesuch ihre Eindrücke und Gedanken schriftlich festgehalten.

15. Semesterkurs 1986/87

*Unterrichtsbesuch bei Paul Michael Meyer, Gurbrü,
5. bis 9. Klasse, am 4. Februar 1987*

Im Gespräch mit Paul M. Meyer am 28. Januar legen wir fest, dass wir die Klasse am Mittwoch morgen von 0730 bis 1145 besuchen werden.

Atmosphäre: Wir geniessen den angenehmen Umgang der Kinder untereinander und das gegenseitige gute Verhältnis zwischen Schülern/Schülerinnen und Lehrer. Zum guten Klassenklima trägt das Schulzimmer bei. Uns fallen viele Pflanzen auf, eine Sitzecke mit selber gezimmerten Bänken, ein Aquarium, eine Druckerei, 3 Staffeleien, eine Stellwand für Bilder, viele Schüler- und Lehrerzeichnungen an den Wänden, eine Buchbinderei, ein Klavier, eine Bibliothek, eine Musikanlage, ein Gestell aus Harassen zur Bücherablage, viel Material zum Basteln und Malen, ein Limograph und eine besondere Arbeitsecke. Die kleine Klasse, es sind 3 Mädchen und 7 Knaben anwesend, sitzt mit dem Lehrer zusammen in quadratischer Form an gleichen Pulten.

*Unterricht: Paul unterrichtet seit Jahren mit Wochenplänen, auf denen die Schüler sich selber beurteilen.
Französisch gibt Paul an diesem Morgen konventionell, was zeigt, dass angenehmer Frontalunterricht in seinem von Freinet geprägten Unterricht auch Platz hat.*

SELBSTTÄTIGKEIT DER SCHÜLER / MITBESTIMMUNG: Die Schüler müssen in keinem Moment zur Arbeit angetrieben oder besonders motiviert werden. Meistens arbeiten sie still an unterschiedlichen Fächern ihrer Wochenplanarbeit, helfen sich gegenseitig und nehmen unauffällig die Hilfe des Lehrers in Anspruch, der sich liebevoll um seine Familie kümmert.

Vor dem Beginn des Unterrichts schlägt eine Schülerin dem Lehrer den Zeitpunkt vor, an dem sie mit einer Kameradin einen vorbereiteten Vortrag halten wird. Die Sitzform während des Vortrags wird durch die Schülerin bestimmt. Damit sie Bilder zeigen kann, bittet sie die Klasse, in Kreisform zu sitzen.

Die Schüler wählen während der Wochenplanlektionen, welchen Stoff sie bearbeiten wollen. Damit legen sie auch ihre Hausaufgaben selber fest. Sie wählen ihren Arbeitsplatz selber und die Möglichkeiten der Zusammenarbeit.

SPRACHE IST EIN WEG ZUM ANDERN UND ZU SICH SELBER (P. M. Meyer)
Uns fallen die vielen guten Texte der Gurbrü-SchülerInnen auf. Es werden freie Texte geschrieben, ein Klassenbuch mit Texten von Kindern, Lehrer und Besuchern liegt auf, Wochengedichte entstehen, Klassenkorrespondenzen werden geführt. Zudem gibt die Klasse im Eigenverlag Bücher heraus («Pumaträume», «Von Maus zu Maus»).

PROJEKTUNTERRICHT: Paul M. Meyer *wählt für seinen Unterricht vermehrt die Form des Projekts. Bis zum Schulschluss im Frühjahr arbeitet die Klasse fächerübergreifend an 3.-Welt-Fragen. Die SchülerInnen stellen in Vorträgen 3.-Welt-Länder vor. Aus einer Liste von Themen wählen sie aus und arbeiten mit dem bereitgestellten Material.*

GANZHEITLICHER UNTERRICHT: Paul M. Meyer *nimmt seine Schüler und seine Arbeit ernst, was bestimmt Voraussetzung für diese Form von Unterricht ist.*
Paul M. Meyer hat uns mit seinen Kindern an diesem Morgen eindrücklich gezeigt, dass es möglich ist, Kindern frühzeitig Verantwortung zu übertragen; und seine Kinder beweisen mit ihrer forschenden Arbeit, ihrem gegenseitigen Interesse, der Freude am Lernen, dass sie in der Lage sind, diese Verantwortung zu tragen.

Paul Michael Meyer und seiner Klasse danken wir herzlich, dass sie uns Einblick in das Leben der Klasse gegeben haben und wünschen ihnen alles Gute.

5. Februar 1987 *Heinz Lehmann*
Eric Niklès
Jacques Paroz

Bei meinen Schulbesuchen im November und Dezember 1986 bin ich überrascht gewesen, wie selbständig die SchülerInnen im Rahmen des Wochenprogrammes ihre Arbeitsaufträge erfüllen, und die handwerklichen und sprachlichen Produkte ihrer Arbeiten haben mich beeindruckt. Das projekthafte Lernen und die damit verbundene Aufhebung des starren Stundenplanes mit fixen Lektionen im 45-Minuten-Rhythmus scheint mir für die Planung und Durchführung der individuellen Einzel- und Gruppenarbeiten ein grosser Vorteil zu sein, der es den SchülerInnen erlaubt, sich über längere Zeit hinweg mit verschiedenen Aspekten eines Themas auseinanderzusetzen. Trotz der gewährten Freiheiten in bezug auf die Wahl der Arbeitsform und die selbstverantwortliche Bewältigung der Arbeitsaufträge hatte ich nicht den Eindruck, dass die SchülerInnen dadurch weniger diszipliniert arbeiten würden als in einer Klasse, in der sich alle SchülerInnen gleichzeitig mit den gleichen Aufgaben beschäftigen (müssen). Dabei muss allerdings berücksichtigt werden, dass die SchülerInnen der Oberschule in Gurbrü seit längerer Zeit mit dieser Art des Arbeitens vertraut sind, und dass die räumlichen Voraussetzungen mit den verschiedenen Arbeitsateliers diese individualisierende Form des Unterrichtes begünstigen. Hinzu kommt, dass die Anregungen der SchülerInnen bei der inhaltlichen Differenzierung der jeweiligen Projekte miteinbezogen werden, weshalb die SchülerInnen bei der Bewältigung der Arbeitsaufträge ein «natürliches» Interesse zeigen und sich für ihre Resultate und deren Präsentation, auf die ihre SchülerInnen jeweils gespannt sind, besonders verantwortlich fühlen. Durch die Berücksichtigung der unterschiedlichen Lernvoraussetzungen der SchülerInnen können die Lernanforderungen bei der Festlegung der einzelnen Arbeitsaufträge zudem so variiert werden, dass jede/r SchülerIn die ihm/ihr aufgetragenen Lernziele bewältigen kann, was die SchülerInnen bei ihren Arbeiten ermutigt und ihr Vertrauen in ihre eigenen Fähigkeiten stärkt.

Bei auftauchenden Problemen steht ihnen im weiteren Paul Michael Meyer als «Berater» zur Seite, der während des Unterrichtes genügend Zeit hat, um auf die Fragen seiner SchülerInnen eingehen zu können. Diese individuelle Betreuung der SchülerInnen, welche durch die Klassengrösse begünstigt wird, ermöglicht sogar seit dem Frühjahr 1987 die Integration einer eigentlichen Sonderschülerin in der Klasse, die dadurch in ihrer gewohnten Umgebung die Schule besuchen kann. Auf der anderen Seite wäre es ebenso denkbar, wenngleich unter den gegebenen gesetzlichen Bestimmungen kaum realisierbar, auch SekundarschülerInnen, die auswärts den Unterricht besuchen müssen, in der Klasse zu integrieren und gemäss ihren Fähigkeiten zu fördern, was gerade für Schulen auf dem Lande, welche vielerorts mit (zu) kleinen SchülerInnenzahlen zu kämpfen haben, neue Perspektiven eröffnen würde.

Bei alldem ist mir bewusst, dass die Verhältnisse in Gurbrü, welche von der Persönlichkeit Paul Michael Meyers und seinen langjährigen Erfahrungen bei der Verwirklichung «seines» Reformmodelles entscheidend mitgeprägt sind, so etwas wie einen «Idealfall» darstellen, der sich nicht so ohne weiteres auf andere Schulverhältnisse übertragen lässt.

Gottfried Hodel

Mein „Schülertraum" vom Lehrersein

Ich mag mich noch gut an meine heimelige Schulstube im Dorfschulhaus erinnern, wo ich meine vier ersten Schuljahre erlebt habe. Wir sassen noch in regelrechten Holzbänken eingeklemmt zwischen Pult und unbequem steiler Rückenlehne. In einer Stubenecke stand, zwar unbenützt, noch ein altehrwürdiges Podest, worauf einst wohl die Lehrerin gestanden haben mag und – wie der Pfarrer von der Kanzel herunter predigt – die Schüler (her-)unterrichtete. Jetzt hatte es seine ursprüngliche Bestimmung längst an ein paar Grünpflanzen und hie und da bunte Blumensträusse abgetreten, die dem ganzen Raum eine wohnlich-gemütliche Note verliehen. Wir Kinder benützten das „ausgediente" Möbel in der Pause gerne als Versteck oder eben auch als der „heimliche Platz", wo man ungestört Geheimnisse austauschen konnte.
Nicht weit davon hing an der Wand Albert Ankers „Schulausflug" in die freie Natur: Eine Lehrerin mitten unter fröhlichen Schülern. Wenn ich einmal Lehrer bin, „träumte" ich damals, dann will ich auch so Schule halten können: in einer „heimeligen" Schulstube, wo sich die Schüler irgendwo, wenn auch bloss in

der Pause, zurückziehen können und ab und zu, wie auf Ankers Bild, draussen von der Natur unterrichtet werden. Kurz, für mich war damals schlicht die Welt noch in Ordnung.
Nun – fast 30 Jahre sind seither durchs Land gegangen. Aus mir ist tatsächlich ein Lehrer geworden aber – was ist aus der heimeligen Schulstube mit dem geheimnisumsäumten Podest und der schönen freien Natur, wie sie Albert Anker gemalt hat, geworden?
Mir wird heute manchmal fast übel, wenn ich sehe, was wir mit unserer Heimat gemacht haben. Die heimelige Schulstube hat ihr „Gesicht" in meinem Schulhaus seit der zwangsläufigen Renovation vor knapp 20 Jahren auch längst verloren.
Doch es gibt sie noch, diese „heimelige Schulstube". Ich habe sie am letzten Montag in Ghubrü wiedergefunden! Sowohl drinnen wie ausserhalb (hinter dem Haus) ist mir ein Stück von Ankers Landschaft entgegengetreten.
Ich möchte, meine Schul-Landschaft in Ursellen sähe auch so aus!

Fritz Pingg

**Gedanken
über den Unterricht**

**Unterlagen
für den Unterricht
in Fachdidaktik
Wintersemester 88/89**

KONTRASTE

Zum Nachdenken, Meditieren, zur Besinnung
vor dem nächsten Schultag

Goldküstenexpress

Wenn
der Wagenführer
seinen Kopf dreht

sieht er hinter sich
sehr achtsam
durch die Scheibe blickend
zwei Buben
sowie
einen Mann

und wenn er
dazu lächelt
weiß ich
daß er mehr gesehen hat

zwei Träume
vom Erwachsenwerden
und einen Traum
vom Kindsein.

"Goldküstenexpress" aus Franz Hohler "Vierzig vorbei",
Gedichte, Luchterhand, Darmstadt 1988

Zeichnung von Klaus Pitter aus «Rohrstock 2» (Zytglogge 1984)

Grundsätzliches

– Unsere Kinder sind täglich einer Flut verschiedenster Reize ausgesetzt. Nachhaltiges Lernen im Unterricht ist daher nur möglich, wenn wir vom kunterbunten Themenstrauss des traditionellen Lektionenunterrichts wegkommen und die *Kinder verweilen lassen unter der Vielfalt eines einzigen Themas*. Das fächerübergreifende Projekt oder noch besser das unterrichtsumfassende Projekt schafft eben diese Voraussetzungen.

– Frontalunterricht ist weder gut noch böse. Doch der Frontalunterricht zwingt die ohnehin übersättigten Info-Konsumenten zu weiterem Konsum. Und sie konsumieren doch schon ausserhalb der Schule mehr Sinneseindrücke, als sie je zu verarbeiten vermögen. Daher stellen wir im Unterricht fest, dass die Kinder oft kaum noch fähig sind, etwas Dargebotenes aufzunehmen.
Diese Tatsache legt uns nahe, unsere Schülerinnen und Schüler den «Stoff» nicht konsumieren sondern *erleben zu lassen*. Alle Formen des *tastenden, suchenden Lernens* (erkunden, probieren, experimentieren), in denen das Kind wie in seinen ersten sechs Lebensjahren die Möglichkeit hat, aus eigenem, innerem Antrieb zu handeln, sind bei der Planung eines Projekts ins Auge zu fassen.
– Unterrichtsvorbereitung in diesem Sinne ist also alles andere als ein Versuch, bittere Stoffpillen in Zucker zu giessen. Mit solcher Verführung zum Lernen beleidigen wir permanent alle lernwilligen Kinder.
Guter Unterricht ziert sich nicht und geht von der natürlichen Lernbereitschaft, vom selbstverständlichen Lernwillen der Schülerinnen und Schüler aus: Lernen

ist Arbeit; Arbeit, die befriedigt; Lernen ist ein verlockendes Abenteuer. Lernarbeit braucht daher weder versüsst noch irgendwie kaschiert zu werden.
Gerade lernbereite, lernhungrige Kinder reagieren mit Widerwillen auf ein gekünsteltes Lernklima mit Spielchen und Tand. Je wirklichkeitsnaher, je lebensnaher unser Unterricht ist, je besser es uns gelingt, schulisches Lernen in das selbstverständliche Lernen vor und ausserhalb der Schule einzubetten, um so weniger werden wir in der Schule mit Unlust und Widerstand der Kinder zu kämpfen haben.

Zeichnung von Klaus Pitter aus «Rohrstock 2» (Zytglogge 1984)

Peter Bichsel erinnert sich

Ich erinnere mich noch sehr deutlich an meinen ersten Schultag. Ich erinnere mich, wie ich mich augenblicklich in meine Lehrerin verliebte: für mich die einzige Erklärung dafür, dass ich kein Schulversager wurde. Ich könnte ihr Kleid heute noch beschreiben. Aber ich erinnere mich auch, dass ich diesen ersten Schultag als Betrug empfand. Man hatte mir gesagt, dass man in der Schule lesen und schreiben lernt, und wir hatten an diesem ersten Tag überhaupt nichts gelernt. Ich wollte doch ein Schüler werden wie die richtigen Schüler. Aber es dauerte tagelang, bis es anfing, und als es anfing, das Lernen, da bemerkte ich es nicht einmal. Ich bin – vorbereitet durch ältere Kameraden, vorbereitet durch meine Mutter – als Lernwilliger in die Schule gegangen. Aber man liess mir in der Schule nicht einmal das Erlebnis des Lernens. Ich habe das Lernen, auf das ich mich so freute, nicht bemerkt, weil man glaubte, mich mit Spielchen, Klebförmchen, mit Äpfelchen und Birnchen zum Lernen verführen zu müssen. Ich übertreibe, wenn ich sage, ich war beleidigt, dass man mir meine Lernwilligkeit nicht glaubt. Aber vorstellen könnte ich mir das schon.

Mein erstes Lernerlebnis – und das ist ein beglückendes Gefühl – hatte ich erst viele Jahre später, nach meiner Schul- und Lehrerzeit – zum Beispiel, als ich versuchte, ohne Lehrer Englisch zu lernen.

Es ist eine eigenartige Sache, dass die Schule immer wieder von der Lernunwilligkeit der Schüler ausgeht. Die Klage der Lehrer über unsere Lernunwilligkeit begleitet unsere ganze Schulzeit von der Volksschule bis zur Universität: «Die Schüler sind zu faul, die Studenten sind zu faul, niemand will lernen.» Dabei treten in die erste Klasse der Volksschule lauter Lernwillige ein, und es sind nicht nur Lernwillige, es sind auch Lernfähige. Sie haben grosse Erfahrungen im Lernen, sie haben – nicht ohne grosse Anstrengungen – sitzen gelernt, stehen gelernt, laufen gelernt, reden gelernt. Sie verstehen praktisch vom Lernen mehr als ihr Lehrer, der sein eigenes Lernen längst vergessen hat, der an seine eigene Schule keine Lernerinnerungen hat, sondern nur Prüfungserinnerungen und Erfolgserinnerungen: er ist durchgekommen.

Die ersten Stunden in der Volksschule beginnen mit Beleidigungen. Der Erstklässler hat erwartet, dass er mit seinem Schuleintritt jetzt auch zu den «Grossen» gehöre. Er begegnet *nun aber einem kindischen Gesprächston, wie er ihn von seiner Mutter zu Hause längst nicht mehr kennt. Er lernt nicht – was ihm versprochen wurde – das A und das B und das C, sondern er wird mit kindischen Spielen zum Lernen verführt. Er wird von Anfang an wie einer behandelt, der nicht lernen will. Er wird vorerst zur Lern-Unwilligkeit verführt. Man nennt das Didaktik.*

Aus «Schulmeistereien» Luchterhand, Darmstadt 1985

Zum Selbstverständnis der Lehrerin, des Lehrers

Die Pädagogik des Vertrauens
Mein didaktisches Konzept setzt eine ganz klare und bewusste Wende im Selbstverständnis der Lehrerin, des Lehrers voraus. Eine sogenannt schwierige Klasse löst in uns (fast automatisch!) einen Rückzug auf altbekannte und angeblich altbewährte Positionen aus:
Die wollen nicht, wie ich will!
Also:
- ich muss mehr Druck ausüben
- ich muss straffer führen
- ich muss Fluchtwege verbauen
- ich muss strenger kontrollieren
- ich muss den Stoff noch besser verkaufen, noch ansprechender verpacken
- ich muss attraktiver arrangieren, subtiler verführen

Wir rasten so ein, weil wir als Lehrerin dauernd auf unsere Erfahrung als Schülerin zurückgreifen; und unsere Lehrerinnen und Lehrer sind in der Regel davon ausgegangen, dass wir nicht lernen wollen. Landläufige Pädagogik ist leider bis in die Gegenwart hinein geprägt von Misstrauen. Lehrerinnen und Lehrer, die eine Pädagogik des Vertrauens praktizieren, sind immer noch selten und fallen auf wie exotische Vögel.
Misstrauen kultiviert in den Kindern den Lernunwillen und bestätigt so die Lehrerin in ihrem Misstrauen.
Dass viele Lehrerinnen und Lehrer, als Fachleute in Sachen Erziehung, diesen simplen Mechanismus nicht durchschauen, ist traurig genug.
Je auffälliger, je widerspenstiger sich die uns anvertraute Klasse gebärdet, um so wichtiger ist es daher, dass wir uns nicht auf die Dompteur- und Polizistenposition zurückziehen.

Ich als Lehrerin, als Lehrer bin Initiant einer Klimaverbesserung; denn – wer weiss – vielleicht bin ich allein die Schwierigkeit in der bloss vermeintlich schwierigen Klasse.

Die Wende also; sich aufmachen in Richtung einer *Pädagogik des Vertrauens:*
- ich weiss, du willst lernen
- ich weiss, du kannst lernen
- alles was du brauchst, ist keimhaft in dir angelegt, eingekapselt vielleicht, verschüttet vielleicht
- ich helfe dir, wenn nötig die Last der Bequemlichkeit abzuwerfen
- du weisst wie ich: lernen ist aufregend, schön, beglückend
- wenn du im Moment nicht das leistest, was du zu leisten vermöchtest, tust du mir als Lehrer als Lehrerin damit nichts zuleide; es ist nur schade, weil du dir dadurch selber im Lichte stehst

Doch eben – Hand aufs Herz – haben wir als Lehrer / als Lehrerin in uns selber diese vitale Neugier, diesen Wissendurst erhalten oder sind wir folgerichtig Opfer einer Pädagogik des Misstrauens geworden und handeln jetzt nach dem Grundsatz: ohne Druck keine Leistung? Wenn dies so wäre, müssten wir schleunigst unsere Berufswahl neu überdenken, denn lernunwillige Lehrer und Lehrerinnen sind magersüchtige Köche, wasserscheue Matrosen, schwindelanfällige Bergführer.

Lernunwillige Lehrer sind keine schlechten Menschen, sie sind bloss Menschen am falschen Arbeitsplatz.

Es ist auch nie zu spät, die Freude am Lernen neu zu entdecken; diese Neugier, die uns Anteil nehmen lässt am Leben und Wirken um uns.

Neugier heisst berndeutsch Gwunder.
Gwunder würkt Wunder!

Die Pädagogik der Ermutigung
Lehrerinnen und Lehrer verhalten sich ihrer Klasse gegenüber leider oft wie unaufmerksame Ehemänner am Mittagstisch: sie sagen zur liebevoll zubereiteten Mahlzeit nur etwas, wenn sie ihnen nicht schmeckt. Stillschweigen ist gnädigst als Kompliment zu interpretieren.

Verhalten wir uns in unserer Klasse oft nicht ebenso: Tadel, Ermahnung, Rüge, Drohung und wenig, wenig Lob.

Dabei – wir wüssten es alle bestens – *ist Lob Balsam für die Seele*.

Diese Schlagseite in der Einwegkommunikation Lehrer – Schüler ist aber bloss äusserer Ausdruck einer durch und durch auf Entmutigung gründenden Pädagogik, einer Pädagogik der Lieblosigkeit.

Einige Elemente dieser Unheilpädagogik:
- jeder für sich, Gott für alle
- ich bin unparteiisch, ich bin gerecht, denn ich behandle alle gleich
- Wettbewerb ist die Triebfeder allen Tuns; der Erste bin ich
- ich finde auch beim Besten noch Fehler, Lücken, denn schliesslich muss ich der Klasse zeigen, dass man nie ausgelernt hat
- ohne Noten keine Leistung; das Feld hat knapp über der Vier zu liegen. Sind alle gut oder sehr gut, wird die Klasse hoffärtig und faul
- ungenügende Noten sind wirkungsvolle Stacheln, die antreiben zu mehr Einsatz
- sollte eine der obigen Annahmen nicht zutreffen, liegt der Fehler nicht bei mir, sondern bei der Klasse und deren Umständen

Wir aber wollen die Pädagogik der Ermutigung praktizieren. Pädagogik, die den Kindern Mut macht, die ihnen Selbstvertrauen schenkt, ist mehr als wohlmeinende Absicht; sie ist im Schulalltag erlebbar, spürbar, ausgehend von den Fundamenten der Methode bis in die unzähligen didaktischen Details. Lebensmut lässt sich nicht einfach zureden; Lebensmut gedeiht in einem Lernklima, das geprägt ist von Liebe, von uneigennütziger Hilfsbereitschaft.

In der Schulstube wollen wir über Ermutigung nicht reden, wir wollen sie praktizieren:
- Die Lehrerin ist eine Helferin, sie hilft beim Lernen. So wie die Lehrerin hilft, helfen die Schüler sich gegenseitig. Helfen ist erwünscht.
- Die Lehrerin ist bestrebt, gerecht zu sein, *daher behandelt sie jedes Kind anders;* sie versucht, jedem einzelnen Kind gerecht zu werden. So verlangt sie zum Beispiel nicht von jedem Kind die gleiche Leistung. Sie bemisst die Arbeitsaufträge so, dass jedes mit aller Wahrscheinlichkeit seinen Auftrag mit Erfolg erfüllen kann. «Ich hab's, ich hab's geschafft.» «Ja, das hast du prima gemacht.»
- Erfolgserlebnisse dieser Art gründen nicht auf dem Misserfolg anderer; sie stärken das Selbstwertgefühl, sie machen das Kind sicher, stark.
- Es gibt keine absoluten Massstäbe für die Leistung. Kein Kind kann durch mangelnde Leistung sein Daseinsrecht in der Klasse verlieren. Die Starken helfen Schwache und auch Schwierige tragen.
- Schreiben wir, so schreiben wir der Sache und nicht der Fehler wegen. Wir wollen lernen, uns andern mitzuteilen; Fehler, die uns dabei passieren, tilgen wir aus, weil wir unsere Mitteilung nicht durch Fehler beeinträchtigen wollen.
- Wir verzichten weitgehend auf Noten, weil wir wissen, dass die Kinder auch ohne Notendruck

> arbeiten, dass sie ohne Notendruck sogar viel besser, freier arbeiten.
> – Was einzelne oder Gruppen geschaffen haben, teilen wir in stets wechselnder Form der ganzen Klasse mit. Die Aufmerksamkeit der Mitschüler ist ein unvergleichlich besserer Lohn als eine noch so gute Note der Lehrerin.

Mit diesen wenigen Stichworten ist die Pädagogik der Ermutigung in keiner Weise ausreichend skizziert. Doch es geht mir vorerst nur darum, die neue Blickrichtung, diese der Pädagogik der Entmutigung vollkommen entgegengesetzte Richtung aufzuzeigen.
Jenem Aspekt der Ermutigung resp. Entmutigung, in den alle unsere Bemühungen letztlich einmünden, möchte ich nun noch besondere Aufmerksamkeit schenken: der *Mündigkeit*.
Ein Kernbegriff der Leitideen zum neuen bernischen Lehrplan (und nicht nur des bernischen) ist denn auch die Erziehung zur Mündigkeit. Also: Selbständigkeit, Urteilsfähigkeit, persönliche Unabhängigkeit. Diesen edlen Zielen mag wohl kein Mensch (also auch kein Lehrer, keine Lehrerin) im Ernst widersprechen. Und doch stellen sich gerade da viele Lehrerinnen und Lehrer, ohne es zu wollen und ohne es zu bemerken, trotz guter Absichten selber das Bein, denn erziehen zur Mündigkeit verlangt vom Erzieher ein hohes Mass an Bescheidenheit und Demut: wenn mein Zögling mündig werden soll, muss mein Bemühen vom ersten Tag weg dahingehen, mich langsam, aber stetig entbehrlicher zu machen: was das Kind selber tun kann, soll es selber tun; was das Kind selber entscheiden kann, soll es selber entscheiden; was das Kind selber beurteilen kann, soll es selber beurteilen; wo sich die Kinder gegenseitig selber helfen können, soll die Lehrerin nicht helfend eingreifen. Wer als Erzieher

hilft, wo Hilfe nicht nötig ist, nimmt dem Zögling ein Stück Eigenständigkeit. Wer seine Hilfe aufdrängt, missbraucht das Helfen zur persönlichen Bestätigung. Kinder, die Hilfe zurückweisen, weil sie es selber versuchen wollen, lehnen dabei nicht den Helfer ab, sondern bloss die unnötige Hilfe. Die Lehrerin, die in solchen Situationen immer wieder die Beleidigte spielt, rückt sich jedesmal neu ins Zentrum des Geschehens. Erzieher, die wirklich zur Mündigkeit erziehen, rücken sich immer mehr an den Rand, machen sich selber zur Randfigur.

Bevor wir unsere Überlegungen weiterführen, eine Geschichte von Franz Hohler:

Der Verkäufer und der Elch
Kennt ihr das Sprichwort «Dem Elch eine Gasmaske verkaufen»? Das sagt man im Norden von jemandem, der sehr tüchtig ist, und ich möchte jetzt erzählen, wie es zu diesem Sprichwort gekommen ist.
Es gab einmal einen Verkäufer, der war dafür berühmt, dass er allen alles verkaufen konnte.
Er hatte schon einem Zahnarzt eine Zahnbürste verkauft, einem Bäcker ein Brot und einem Blinden einen Fernsehapparat.
«Ein wirklich guter Verkäufer bist du aber erst», sagten seine Freunde zu ihm, «wenn du einem Elch eine Gasmaske verkaufst.»
Da ging der Verkäufer so weit nach Norden, bis er in einen Wald kam, in dem nur Elche wohnten.
«Guten Tag», sagte er zum ersten Elch, den er traf, «Sie brauchen bestimmt eine Gasmaske.»
«Wozu?» fragte der Elch. «Die Luft ist gut hier.»
«Alle haben heutzutage eine Gasmaske», sagte der Verkäufer.
«Es tut mir leid», sagte der Elch, «aber ich brauche keine.»

«Warten Sie nur», sagte der Verkäufer, «Sie brauchen schon noch eine.»
Und wenig später begann er mitten im Wald, in dem nur Elche wohnten, eine Fabrik zu bauen.

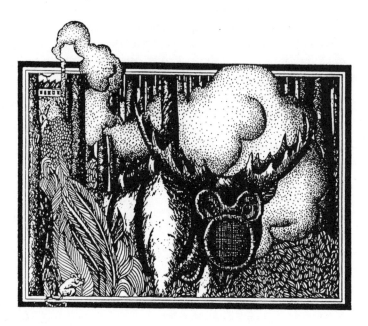

«Bist du wahnsinnig?» fragten seine Freunde.
«Nein», sagte er, «ich will nur dem Elch eine Gasmaske verkaufen.» Als die Fabrik fertig war, stiegen soviel giftige Abgase aus dem Schornstein, dass der Elch bald zum Verkäufer kam und zu ihm sagte: «Jetzt brauche ich eine Gasmaske.»
«Das habe ich gedacht», sagte der Verkäufer und verkaufte ihm sofort eine. «Qualitätsware!» sagte er lustig.
«Die anderen Elche», sagte der Elch, «brauchen jetzt auch Gasmasken. Hast du noch mehr?» (Elche kennen die Höflichkeitsformen mit «Sie» nicht.)
«Da habt ihr Glück», sagte der Verkäufer, «ich habe noch Tausende.»

«Übrigens», sagte der Elch, «was machst du in deiner Fabrik?»
«Gasmasken», sagte der Verkäufer.

(Aus «Der Elefant im Butterfass», Zürich 1977)

Wir laufen immer wieder Gefahr, Aufgaben, die uns das gesellschaftliche Leben stellt, zum absoluten Inhalt unseres Lebens zu machen, zum Lebensinhalt, zum Sinn des Lebens. Das ist sehr gefährlich: Aufgaben des sozialen Lebens wandeln sich ständig, verwandeln sich oft in ganz andere. Wer sich ängstlich an seine Aufgabe klammert, verliert dadurch seine eigene Wandlungsfähigkeit. Aus Angst, seine Aufgabe und damit seinen Lebenssinn zu verlieren, möchte er das Leben, möchte er die Welt anhalten. Wo sich ein Auftrag im natürlichen Fluss des Lebens erfüllt hat, versucht der Ängstliche daher künstlich die Bedingungen seines alten Auftrags wiederherzustellen.
Lehrerinnen und Lehrer, die sich so verhalten, tun dies nicht aus Bösartigkeit, sie tun es aus Angst.
Vertrauter ist uns dieses Kultivieren der Unmündigkeit von der Eltern-Kind-Beziehung, vor allem von der zwischen Mutter und Kind. Die grosse Liebe jener Mütter, die ihre 30jährigen Söhne behüten, als seien sie eben erst den Windeln entwachsen. Gesunde junge Menschen rebellieren früher oder später gegen solche Bemutterung, und die geplagten Mütter stürzen ob so viel Undank in Depressionen.
Denn: Was ist eine Mutter, die nicht mehr bemuttern soll.
Und: Was ist ein Lehrer, der nicht mehr belehren soll.
Da wirken also Angstmechanismen, die in der Lehrer-Schüler-Beziehung noch viel zu wenig beachtet worden sind, über die wir noch viel zu wenig nachgedacht haben; Mechanismen, die ungehindert wirken können,

weil wir uns ihrer viel zu wenig bewusst sind.
Lernen zu lernen. Zurzeit das Schlagwort. Ja also, gut. Und was mache ich, wenn mal alle erklären: Komm setz dich, du bist zwar Lehrer, aber was wir da bügeln sollen, das kriegen wir alleine hin. Nur keine Angst, Alter. Und wenn du schon grad stehst, bringst du mir bitte rasch ein Ordnerblatt aus dem Schrank?!
Ja richtig, nur keine Angst, denn es wird zum Glück immer wieder Schüler geben, die's nicht schaffen, die mich brauchen. Und wenn ich es mir ganz gut überlege, kann ich ja sogar dafür sorgen, dass ihre Bäume nicht in den Himmel wachsen.
Coca-Cola gibt's rund um den Erdball, und doch kennt keiner, der Tag für Tag das Konzentrat zum fertigen Getränk verdünnt, das Rezept. Warum sollte denn gerade ich meinen letzten Trumpf ausspielen, damit jede Rotznase prahlen kann: Ach, so macht man das, also gut, Alter, setz dich zur Ruh.
So sehen wir die ellenlangen Schimpftiraden von Lehrerinnen und Lehrern über mühsame Klassen, begriffsstutzige und schwierige Schüler plötzlich in neuem Lichte, und wir hören aus den Tiraden auch den lustvoll triumphierenden Unterton heraus: Sie können es nicht! Sie brauchen mich!
Die Abhängigkeit und Hilfsbedürftigkeit des Kindes verhilft den Helfern zu einer sinnvollen Aufgabe. Wir dürfen aber nicht vergessen, die Freude über diese Erziehungsaufgabe nach und nach einzutauschen gegen die Freude, miterleben zu dürfen, wie unsere Kinder allmählich selbständig werden, wie ihre Persönlichkeit sich entfaltet. Wir dürfen loslassen.
Und bald schon dürfen wir auch ein wenig stolz sein darauf, dass die jungen Menschen mündig geworden sind, und wir als Erzieher überflüssig.
Freude haben am Überflüssig-werden; dazu gehört zweierlei: Bescheidenheit und Demut.

Vorläufige Schlussbemerkungen

Leider ist auch die Pädagogik von oberflächlichem Modedenken nicht ganz frei: auf lang folgt kurz, auf kurz folgt länger; Abwechslung macht das Leben süss. Die so ganz frei Erzogenen der frühen siebziger Jahre entpuppten sich allzuoft als wüste Rowdies, so dass wir heute alle Hände voll zu tun haben, damit nicht die Verfechter von harter Zucht und Ordnung das Feld erobern, um ihrerseits der folgenden Generation eine Herde von Erziehungsopfern bereitzustellen.
Wie froh können alle Kinder sein, deren Erzieher ihre Werte nicht aus dem Versandhaus beziehen, die trotz der lauten Umgebung noch in sich hineinhören; die dabei auch nicht die Mühe scheuen, grosse Denker statt Modisten zu Rate zu ziehen, und die es auch wagen, zu ihrer eigenen Unsicherheit und Ungewissheit zu stehen.
Erzieher, die sich ihre Werte nicht einfach aufschwatzen lassen, sind am ehesten gefeit gegen die Versuchung, die Welt fein säuberlich in Gut und Böse einzuteilen. Wer sich heute aufschwatzen lässt, was gut sei in der Erziehung, ist leider meist auch bereit, morgen das Gegenteil für richtig zu halten.
Ich fühle mich nicht besonders alt und habe doch schon drei Lehrpläne erlebt, jeder selbstverständlich stets unvergleichlich besser als sein Vorgänger.
Ich habe nichts gegen Lehrpläne, sie können, wenn sie nicht einengen, sogar eine Hilfe sein. Doch ich finde es richtig lächerlich, mit wieviel Superlativen der jeweils neue Plan angepriesen, mit wieviel Werbelärm er allen verkauft, den Widerspenstigen aufgenötigt wird. Damit der neue auch wahrhaft neu und einmalig wirkt, muss der alte möglichst schlecht gemacht werden. So aber beleidigt man alle, die sich oft jahrelang mit den

Zielen dieses alten Planes auseinandergesetzt haben und nun vieles davon für gut und richtig erachten.

Wie dumm dieses modische Mal-so-mal-anders-Denken in der Pädagogik ist, erleben alle, die über Jahre hin immer wieder Praktikantinnen und Praktikanten in der Klasse haben. Ich denke zum Beispiel an die Zeit, da alles, was irgendwie nach Frontalunterricht roch, gleich vom Teufel war. Praktikanten jener Zeit waren meist erstaunt und dann erfreut, wenn ich ihnen vorschlug, den Kindern ab und zu eine Geschichte zu erzählen. Dies war denn auch die Zeit des Arbeitsblätter-Segens, jenes Segens, der nun bereits als Fluch in die Geschichte der Pädagogik eingeht, und zwar wieder in einer Absolutheit, dass Praktikanten heute fast scheu fragen, ob nicht doch ein, nur ein Arbeitsblatt denkbar sei.

O je, wo bleibt da die Vernunft, wo bleibt da die Mündigkeit derer, die zur Mündigkeit erziehen sollen?!

Fassen wir zusammen:
Nicht alles, was neu ist, ist auch gleich besser.
Nicht alles, was alt ist, ist, bloss weil «man» jetzt anders denkt, auch gleich schlecht.
Und übrigens: Vieles, was da als grosse Neuheit angepriesen wird, ist alt, sehr alt sogar. Plötzlich erkennen wir in einer solchen Neuheit die Handschrift eines Johann Heinrich Pestalozzi etwa. Und statt grossartig die Werbetrommel zu rühren, täten wir vielleicht gut daran, in uns zu gehen, um uns zu fragen, weshalb wir zweihundert Jahre brauchten, um die Bedeutung eines humanen Anliegens zu erkennen.

Wo verlor Karl der Kühne den Mut?

Gedanken über Fragen und Gegenfragen

Etwas vom Selbstverständlichsten im Unterricht sind Fragen.
Gut. Wer stellt Fragen? Doch jener, der etwas, das er wissen möchte, noch nicht weiss. Nein, eben nicht. Und gerade darin liegt die Perversion des Alltäglichen im Unterricht begründet.
Lehrer: Wo verlor Karl der Kühne den Mut?
Mögliche Schülerreaktionen:

- Wissen Sie das immer noch nicht?
- Haben Sie dies letzte Woche nicht noch gewusst?
- Wollen Sie das wirklich wissen?
- Weshalb interessiert Sie das?

Wollen wir einer sinnlosen Fragerei Einhalt gebieten – das wissen wir bereits vom Kleinkind im Frägli-Alter –, müssen wir eine erschöpfende Antwort geben, die den Fragesteller mit einbezieht, oder: die Gegenfrage stellen. Doch Gegenfragen haben ein eigenes Gewicht, Gegenfragen sind nur unter gleichberechtigten Partnern erlaubt oder von oben nach unten.

Lehrer: Wenn hier jemand Fragen stellt, dann bin ich es!!!

In der Schule stellt der Wissende Fragen. Daher sind Fragen im Unterricht nicht Fragen aus Bedürftigkeit; Unterrichtsfragen zelebrieren Macht, sie sind Machtfragen, mit deren Hilfe Überlegenheit demonstriert und nicht selten in subtil kaschierter oder offener Form Sadismus, Gewalt ausgeübt wird.

Lehrer: Warum bist du eigentlich noch hier?

Nichtwissen macht schuldig. Deshalb stellen Lehrer nur Fragen, deren Antwort sie selber wissen, deren Antwort feststeht (zumindest vermeintlich feststeht). Die beliebtesten Unterrichtsfragen sind jene, auf die es eine richtige und unzählige falsche Antworten gibt. Wer die richtige, die gewünschte, die geforderte Antwort weiss; wer die Antwort gibt / geben kann / geben darf, hat sich für unbestimmte Zeit Absolution erkauft. Unterricht unter solchen Bedingungen fordert vom Schüler Defensivstrategien, bewusste Abwehr von Lehrerfragen, da er, bleibt er wiederholt Antworten schuldig, sein Daseinsrecht aufs Spiel setzt, oder gar verliert.

Lehrer: Wer's weiss, hält die Hand hoch!

Wie schon erwähnt: Macht verleitet den Machthaber leicht zum Missbrauch seiner Macht. Das kann heissen: der Lehrer verlangt die Antwort auf seine Frage von einem Schüler, der die Hand gerade nicht hochhält. Dieser sitzt so oder so in der Falle. Weiss er die Antwort tatsächlich nicht, beweist ihm der Lehrer vor der ganzen Klasse, wie nötig seinesgleichen den Unterricht hat. Weiss er aber die Antwort (obwohl er die Hand nicht hochhielt, vielleicht weil ihm dieses Frage-und-Antwort-Spiel zu dumm ist), holt ihn der Lehrer mit der Nachfrage ein, ob er denn gar zu faul sei, die Hand hochzuhalten.
Hände hoch! Die weltweit geltende Geste, mit der ich meine Unterwerfung unter den im Augenblick Mächtigeren, mit der ich meine Ohnmacht anzeige.
Sechs Jahre lang stellt das Kind Frage über Frage und lernt so wohl mehr als in seinem ganzen weiteren Le-

ben. Dann stellt mindestens neun Jahre lang die Schule Fragen. Nach dieser Schulzeit ist den meisten, wie man zu sagen pflegt, das Fragen vergangen. Muss das so sein?
Nein.
«Kinder leben in Fragen, Erwachsene leben in Antworten», schreibt Peter Bichsel in den «Schulmeistereien». Im Gegensatz zur Schulwirklichkeit ist dem Kind jene Frage die wertvollste, auf die es keine Antworten gibt. Es gibt Fragen, die so randvoll Leben sind, dass jede Antwort eng und schäbig wäre. Die Welt der Fragen: wie reich, wie offen! Vielleicht besteht das grösste Verbrechen unserer Schule darin, dass sie den vitalen Fluss der kindlichen Fragen abblockt, um ungestört ihre kanalisierenden Scheinfragen stellen zu können.

Der Schüler geht zum Lehrer, nicht der Lehrer zum Schüler. Diese östliche Weisheit, die wir vorschnell als Ausdruck patriarchaler Überheblichkeit missverstehen könnten, beschreibt exakt die Gegenwelt zu unserer Schule. Um uns diesem radikal anderen zu nähern, brauchen wir weder auf grosse Schulreformen noch auf neue Lehrpläne zu warten. Der Kurswechsel ist jederzeit innerhalb der Gegebenheiten der heutigen Staatsschule möglich als persönlicher Entschluss jedes einzelnen Lehrers.

- Geben wir in unserem Unterricht dem Kind das Recht zurück, Fragen zu stellen.
- Geben wir dem Kind das Recht zurück, mit unseren Antworten nach eigenem Ermessen umzugehen; unsere Antworten aufzunehmen und zu bewahren oder sie geringzuschätzen und zu vergessen; hören wir auf, dauernd argwöhnisch nachzuprüfen, ob unsere Antworten in allen Schülerköpfen möglichst wortgetreu und lückenlos aufgehoben werden und auf Anfrage reproduzierbar seien.

– Geben wir dem Schüler das Recht zurück, etwas nicht wissen zu wollen.
Eine berühmte Frage: was macht den Menschen zum Menschen?
Viele Antworten sind möglich.
Der Mensch ist das einzige Wesen, das kocht.
Der Mensch denkt.
Weshalb kann er denken?
Weil er fähig ist, Fragen zu stellen.
Ohne Fragen, die ich mir selber stelle, hört das Denken auf, und der Mensch verliert seine vielleicht vornehmste Eigenschaft. Nur Fragen, die ich selber forme, sind produktiv. Daher geht das vornehmste Bemühen des Lehrers dahin, in seinen Schülern das Bedürfnis, Fragen zu stellen, zu erhalten, zu wecken.
Der Schüler gehe zum Lehrer, nicht der Lehrer zum Schüler. Das hat überraschenderweise sehr viel mit Bescheidenheit und Demut zu tun. Bescheidenheit und Demut des Lehrers vor dem Schüler, der auf ihn zukommt.

Lernen
und Angst

Grundsätzlich ist jedes Kind neugierig auf die Welt. Diese Neugier ist der innere Antrieb zum Lernen. Keine Mutter muss daher ihr Kind dazu anhalten, sich mit seiner Umwelt lernend auseinanderzusetzen. Im Gegenteil: die Arbeitslust, der Lerneifer des Kindes veranlasst viele Mütter, Kostbares ausser Reichweite des Kindes zu bringen, auf die obersten Tablare des Büchergestells oder in verschliessbare Schränke und Schubladen. Ein gesundes Kind arbeitet praktisch pausenlos, daher lernt es in wenigen Jahren so unermesslich viel.

Die Angst der Eltern

Der Beitrag der Eltern zur Lernarbeit ihres Kindes besteht eigentlich einzig darin, dem Kind einen attraktiven Lebens- und Lernraum zu erhalten, und nicht aus Angst, das Kind könnte sich verletzen oder wertvolle Gegenstände kaputtmachen, alles hinter Schloss und Riegel zu bringen. In einer öden, reizlosen Umgebung erst langweilt sich das Kind, weil es da nichts Verlockendes mehr zu tun gibt ausser dem Versuch, das vermeintlich Unverwüstliche, das noch da ist, zu zerstören. Denn diese reizlose Umgebung empfindet das Kind als Gefängnis, reagiert daher überaus aggressiv und versucht um jeden Preis, aus diesem Gefängnis auszubrechen.
Es ist ganz folgerichtig und tragisch, dass Kinder ihren überängstlichen Eltern stets den Beweis dafür liefern, dass ihre Angst wirklich begründet ist. Das Kind, dem man aus Angst vor Verletzungen und Verlust von Kostbarem alles Zerbrechliche aus dem Wege räumt, wird aus aufgestautem Tatendrang den ersten zerbrechlichen Gegenstand, den es erwischt, tatsächlich zerbrechen und sich auch zünftig an den Scherben verletzen. Es hat ja bisher auch nie üben können, mit Zerbrechlichem entsprechend sorgfältig umzugehen.
Der Junge, dessen Mutter die Wohnungstür immer abschliesst, damit er nicht abhaut, wird, wenn sie einmal vergisst abzuschliessen, todsicher die Flucht ergreifen und die Treppe hinunterfallen.
Selbstverständlich werden wir dem Zweijährigen nicht ausgerechnet das grosse, scharfgeschliffene Fleischermesser zum Spiel überlassen, doch mit anderen gefährlichen Gegenständen muss er umgehen lernen. Das Leben, schreibt Erich Kästner, ist immer lebensgefährlich.

Die Angst des Kindes

Nun gibt es aber im Leben eines jeden Kindes Bereiche, die es ausgrenzt, weil es Angst hat davor. Dass solche Ängste zum grössten Teil von seinen Eltern übertragene Ängste sind, tut hier wenig zur Sache.
Der fünfjährige Jan hilft gerne, vor allem wenn es ihm selber in den Sinn kommt, er könnte helfen. Doch auch auf Anfrage hin hilft er gerne, Botengänge sind ihm das Liebste: etwas bringen, etwas ausrichten, etwas holen. Er holt etwas bei Nachbars, aus dem Garten, vom Estrich, aus seinem Zimmer; aber aus dem Keller: nein. Da hat er gerade keine Zeit, oder er kriegt die Kellertüre ja doch nicht auf, oder . . . oder . . .
Ganz einfach: er hat Angst.
Die aufmerksame Mutter wird ihm helfen, seine Angst zu überwinden. Falsch wäre es sicher, ihn zum Gang in den Keller zwingen zu wollen; fragwürdig, ihn mit einer Belohnung zu ködern.
Klarer Fall: wir gehen zusammen in den Keller, beim ersten Mal sicher mit Jan an der Hand, beim zweiten Mal vielleicht schon ohne Händehalten; bald schon darf Mutter oder Vater oben an der Kellertreppe auf ihn warten und wieder etwas später geht er in den Keller wie in den Garten oder zu Nachbars. Dass ihn beim Gang in den Keller vielleicht noch über Jahre oder auch für immer ein leichter Schauder begleitet, gehört zu einem richtigen, düsteren, feuchten Keller mit knarrender Kellertür.
Unsere Überlegungen bei allen angstbeladenen Lernschritten: das Kind soll gerade in diesen Momenten spüren, wie geborgen und sicher es ja eigentlich ist.
Aus dieser Sicherheit heraus getraut es sich, Neuland, vor dem es Angst hatte, zu betreten und dabei seine Angst zu überwinden.

Und in der Schule?

Wie geht nun die Schule mit solchen Kinderängsten um? Welche Schlüsse zieht sie aus der gewonnenen Erkenntnis? Ist auch das Klassenzimmer ein anregender Lernraum? Vermittelt die Schule dem ängstlichen Kind jene Geborgenheit, die es braucht, um für sich Neuland zu erkunden?

Ich komme ab und zu in ein Klassenzimmer, in dem es mir augenblicklich wohl ist: ein gegliederter Raum mit Nischen zum sich Verkriechen, mit vielen fertigen und angefangenen Kinderarbeiten, ein Zimmer voller Farbe, voller Gegenstände und Spiele, die zum Verweilen, zum Zupacken einladen, ein Vivarium, von wo es nagt und raschelt, viele Pflanzen, ein Teppich mit Kissen, ein Zimmer, von dem die Kinder Besitz ergriffen haben und nicht umgekehrt.
Die Regel aber bildet doch eher das trostlose Klassenzimmer: öde Neonwüste, kahle Wände, nicht eine Spur von kreativem «Gnuusch»; kommt man kurz nach Schulschluss in dieses Zimmer, fragt man sich gleich: womit haben sich Kinder in dieser Einöde denn beschäftigt; keine Spur einer Arbeit, höchstens da ein paar kümmerliche Zeichnungen an der Wand, dort das Poster eines Rock-Stars als Zeichen der Toleranz und Aufgeschlossenheit des Lehrers, und an der Tafel ein Text des Lehrers. Titel: «Die Sahara», und unten rechts «st.l.» (stehen lassen).
Ist es nicht zum Heulen, dass selbst Grossraumbüros riesiger Industriebetriebe wohnlicher wirken als die meisten Schulzimmer landauf landab?
Schulzimmer sollten Schulstuben sein, gemütliche Stuben, wo man sich gerne aufhält, wo man gerne zusammensitzt und auch zusammensitzen kann; Möbel

und Einrichtungen entsprechend plaziert, nicht alles in Reih und Glied, als hätte man eine beliebige Tranche eines Defilees in eine Kiste von acht mal acht mal drei Metern verpackt.
Schon die Einrichtung eines Raumes, seine Atmosphäre, kann das Gefühl von Geborgenheit vermitteln. Nur in einem Klima, in dem sich das Kind geborgen fühlt, kann es auch optimal arbeiten, lernen.
Die Einrichtung des Raumes ist freilich nur ein Faktor des Klimas.

Wesentlich mitbestimmt wird das Arbeitsklima aber auch dadurch:
- wie die Klasse sich zusammensetzt: einstufig/mehrstufig
- wie das Zusammenleben der Klasse organisiert ist: weitgehend selbstbestimmt/fremdbestimmt
- wie die Arbeit organisiert ist: frontal in Lektionen/ schülerzentriert mit Tages- oder Wochenplanarbeit, in Epochen- oder Projektunterricht
- in welchem Geiste gearbeitet wird: im Wettbewerb jeder gegen jeden/koedukativ nach dem Grundsatz «Starke helfen Schwache tragen»
- welche Rolle der Lehrer in der Klasse hat: Alleinherrscher – Fertigmacher/Lernberater – Mutmacher

Ein Schüler kann sich bestimmt nicht geborgen fühlen
- wenn er in einer Klasse Gleichaltriger sitzt, die nach dem Grundsatz «Gleich alt – gleich stark – gleich klug – gleich schnell» organisiert ist, und er zwar gleich alt ist, aber nicht gleich stark, gleich klug und gleich schnell wie fast alle andern
- wenn der Lehrer Solidarität unter den Schülern verhindert und jegliches Entscheidungsrecht für sich beansprucht

- wenn er ohne eigene Übersicht von Lektion zu Lektion dirigiert wird
- wenn der Unterricht permanent als Wettbewerb abläuft, wobei der Druck für den guten Schüler, der seine gute Position verlieren könnte, fast ebenso gross ist wie für den weit Zurückliegenden, der dauernd seine letzten Kräfte aufbieten muss, um noch vor Torschluss ins Ziel zu kommen
- wenn der Lehrer Freude hat an Noten und so mehr oder weniger ausdrücklich die «Guten» gegen die «Schlechten» ausspielt

Ein Schüler kann sich geborgen fühlen und Ängste überwinden
- wenn er in einer Klasse sitzt, in der es Jüngere und Ältere gibt. Langsame und Schnelle, Bewegliche und Unbewegliche, Fantasielose und Kreative, und alle es schön finden, dass sie so verschieden sind, weil wir schliesslich eine blühende Alpweide mit 70 Pflanzenarten auch schöner finden als einen Kunstrasen, auf dem man Löwenzahn, Massliebchen und Vergissmeinnicht mit Herbizid zu Leibe gerückt ist
- wenn er in einer Klasse sitzt, in der auch die Stillen und Schüchternen mitbestimmen; in der ein Klassenrat Fragen des Zusammenlebens diskutiert, disziplinarische Probleme selber löst und vor allem alles ausdiskutiert, also nicht mit Mehrheitsbeschlüssen Minderheiten dirigiert werden
- wenn er seine Arbeit weitgehend selber organisieren darf
- wenn er in seinem Arbeitstempo von den andern unabhängig ist, zwar die Möglichkeit hat, mit andern nach eigener Wahl zusammenzuarbeiten, aber auch ganz für sich alleine zu grübeln
- wenn es selbstverständlich ist, dass nicht nur der Lehrer helfen kann

- wenn Noten eine ganz untergeordnete Bedeutung haben und jedes jederzeit die Möglichkeit hat, eine missglückte Arbeit zu wiederholen
- wenn der Lehrer für jeden Schüler die Aufträge so bemisst und in selbstgewählten Arbeiten soweit hilft, dass alles mit einem Erfolg endet. «Du hast zwar an dir gezweifelt, aber hast du jetzt gesehen, wie gut das gegangen ist» statt: «Ist ja klar: dumm ist dumm, von nichts kommt nichts»

Zu Besuch im Blindenheim

Wären wir nicht eine Gesellschaft, die besessen ist aufs Ausgrenzen, Aussondern; wären also in jeder Schulklasse Kinder verschiedener Altersstufen, Kluge und Schwache, «Normale» und «Behinderte», müssten wir das Thema «Behinderungen» nicht zum Gegenstand des Unterrichts machen.
Wir betonen die guten Gründe für das Aussortieren behinderter Kinder: besondere Einrichtungen, individuelle Betreuung, speziell ausgebildetes Personal . . .
Wir verschweigen die andern Gründe: reibungsloser Betrieb für die voll Leistungsfähigen, Behinderte stören das Bild marktkonformer Schönheit, Behinderte stellen durch ihr Dasein zuviel Normales in Frage . . .
Dabei geht uns jenes Bewusstsein verloren, das wir nun eben im Unterricht zum Lernziel setzen:
Jeder ist ein Behinderter. Der eine ist so flink und gescheit, dass er nicht mehr weiss, wie man auf andere Rücksicht nimmt; der andere hat zwar zwei gesunde Ohren, kann aber doch nicht zuhören; der dritte ist so männlich, dass man es in seiner Nähe nicht aushält; der vierte hat zwei linke Hände usw. Doch gerade diese normalen Behinderungen werden uns erst dann richtig bewusst, wenn wir uns auch mit schwersten Behinderungen auseinandersetzen. Wobei nun entscheidend ist, dass wir uns nicht mit Behinderungen befassen, sondern mit Behinderten.
«Behinderungen» ist kein Thema für Papiertiger. Sollen die Kinder da wirklich etwas lernen, kommen wir nicht um die konkrete Begegnung herum. Deshalb ist unter unseren Korrespondenz-Klassen immer wieder auch eine Kleinklasse oder eine Klasse eines heilpädagogischen Schulheims: wir schreiben uns gegenseitig, wir besuchen uns gegenseitig.

Als wir unsere fünf Sinne zum Thema hatten, kamen wir über die Optik, das Auge, das Sehen auch zu den Sehbehinderungen und zur Blindheit.

Ich schlug vor, einmal im Blindenheim in Zollikofen anzuklopfen. Und damit wir nicht mit leeren Händen dastehen würden, begannen wir im Werken mit dem Schnitzen eines Blinden-Dominos (ziemlich grosse Lindenholzbrettchen, in die wir statt der Punkte schöne Kerbmuster schnitzten).

Als das Domino fertig war, besprachen die Schüler eine Tonbandkassette, umrahmten die Texte mit Liedern, und nach der Schule setzte ich mich, im nun stillen Klassenzimmer, noch selber ans Mikrofon und erzählte, was ich durch die vielen Fenster unseres Klassenzimmers alles sah, auf unseren Kassettenbrief. Es muss, erinnere ich mich jetzt wieder, im frühen Frühling gewesen sein, denn aus den obersten Zweigen des Buchenhags in unserem Garten stiess das erste zarte Grün.

Wir schickten den Kassettenbrief mit unserer Bitte, eine Klasse des Heims besuchen zu dürfen, ab und hofften, von einer Gruppe oder Klasse eine Antwort zu erhalten.

Nach einer Woche schon erhielten wir Post aus Zollikofen: Briefe und eine Kassette von der 8./9. Klasse.

Sie hätten zwar, stand in einem Brief, immer noch mehr als genug von den Besuchen während des «Jahres der Behinderten», als sie sich wie seltene Tiere in einem Zoo vorgekommen seien; all die vielen Klassen, die rasch mal für eine Stunde gekommen seien, um sie und ihre Gehege zu besichtigen. Und doch hätten sie nicht nein sagen dürfen. Aus unserer Post aber spüre man heraus, dass unsere Anfrage mehr sei als eine blosse Pflichtübung. Fazit: sie luden uns ein, zwei Tage mit ihrer Klasse zu verbringen; einen Schultag, dann übernachten in den verschiedenen Wohngruppen und am zweiten Tag gemeinsam auf den Maibummel gehen.

Und nun ereignete sich in meiner Klasse das erste Bemerkenswerte: der grösste Teil der Klasse lehnte die Einladung strikte ab. Auf gar keinen Fall zwei Tage und dann erst noch mit Übernachten, nein, nein: hingegen, sälü sagen, das Domino abgeben und wieder weg, hiess es. Also genau wie die vielen Klassen im Jahr der Behinderten. Es wurde noch weiter diskutiert, und die wenigen Zweifler schlugen sich bald schon auf die Seite jener, die den Besuch so kurz wie möglich gestalten wollten.

Das zweite Bemerkenswerte an diesem Bericht: ich sprach ein Machtwort jener Art, die in der Erziehung – selten angewendet – ganz wichtig sind: klar nehmen wir die grossartige Einladung an, und zwar genau wie unsere Gastgeber es vorschlagen.

Ich werde nie vergessen, in welcher Spannung – kaum eines sagte ein Wort, als gingen wir an eine Beerdigung und nicht auf Besuch –, in welcher knisternden Stimmung wir vom Bahnhof Zollikofen zum Blinden- und Sehbehindertenheim hinaufgingen.

Dann eben die Verlegenheit, wie sie bei ersten Begegnungen auch unter sogenannt normalen Bedingungen ganz üblich ist. Doch die heitere, lockere, herzliche Art unserer Gastgeber begann nach wenigen Sätzen schon das Eis zu tauen. Gemeinsame Arbeit in Schulzimmer und Werkräumen tat ihre grosse Wirkung, und die gemeinsame Turnstunde mit Waldlauf und Ballspiel in der Halle, bei dem allen Sehenden die Augen verbunden wurden, machte die zwei Klassen zu einer Klasse. Auch im gemeinsamen Werken mit Lehm – wir modellierten einen Frosch mit Zick-zack-zick- oder Zack-zick-zack-Hinterbeinen – sahen meine Schüler, dass viele Werke blinder Schöpfer ebenso überzeugend dastanden wie ihre eigenen. In der folgenden Freizeit dann versammelte die blinde Gaby einige um den Flügel, den sie ganz nach dem Geschmack meiner Schüler zu bearbeiten verstand (sie verfügt zudem über eine glockenreine Singstimme); andere zogen im Keller einer Wohngruppe Kerzen, und ich sah, wie meine Schüler schon selbstverständlich halfen, wo Sehen vonnöten war. Ein besonderer Freizeit-Hit: das Tandemfahren.

Auch der Maibummel am folgenden Tag gab, während man so ging, Gelegenheit zum Plaudern, und sicher vergassen auch meine Schüler ab und zu, dass die, die man an der Hand führte und mit der man sich vielleicht gerade über Zukunftspläne unterhielt, gar nichts sah von der Landschaft, durch die wir wanderten, aber um so mehr hörte und fühlte. Selbstverständlich fiel es allen leichter, mit den bloss Sehbehinderten umzugehen; und bei der Aufgabe, ein blindes Mädchen an der Hand zu führen, machte meinen Knaben die Tatsache, dass es ein Mädchen war, mit dem sie da am hellichten Tag durch die Gegend spazierten, wohl mehr Mühe als die Tatsache, dass dieses Mädchen nichts sah.

Die Schnitzeljagd dann im weiten Frühlingswald, mit einigen ganz gekonnten Finten – die eine Gruppe setzte mit der Fähre über die Aare ans andere Ufer und behauptete hinterher auch während der Überfahrt mustergültig gestreut zu haben – war ein weiterer Höhepunkt. Ich erinnere mich, wie Gaby in einer Lichtung ihr Gesicht ganz der Sonne entgegenhielt, Licht und Wärme mit der Haut aufsog. Wie viele meiner Schülerinnen und Schüler haben wohl Ähnliches erfahren dürfen?

Und nun das dritte Bemerkenswerte an dieser Geschichte: ich brachte am Abend dieses Tages meine Schüler nicht mehr zusammen. Wir verpassten den vorgesehenen Zug. Nur noch dies! Nur noch jenes! Wir verpassten auch den nächsten Zug. Und für den letzten brachte ich sie mit Müh und Not zusammen und endlich weg vom Heim, von jenem Ort, an den sie doch nur ganz ganz schnell hin und gleich wieder weg wollten.

Die Moral der Geschichte: Der Weg des geringsten Widerstandes ist kein Lehrpfad.

Von der Unmöglichkeit, ein guter Lehrer zu sein

Lehrer werden – Lehrer sein

Da geht einer neun Jahre zur Schule, entschliesst sich, Lehrer zu werden, geht also nochmals fünf Jahre zur Schule. Nach vierzehn Jahren gibt es auf Pfiff Platzwechsel, und das böse Spiel geht weiter, wie gehabt. 14 von 21 Jahren hat er also in der Schule verbracht, in einer Schule eben, die, wie wir festgestellt haben, nicht immer sehr wirklichkeitsnah ist. Was hat er dabei eigentlich mehr gesehen als den Pultdeckel, das Brett vor dem Kopf?
Liegt es nicht auch gerade daran, dass Lehrer nie ganz ernst genommen werden?
Besonders auf dem Lande neigt man noch heute dazu, die Lehrer zu sehen, wie sie Jeremias Gotthelf in seinen Romanen beschreibt:
Lehrer sind Leute, die man zu nichts Besserem gebrauchen kann, Kriegsinvalide etwa, die einigermassen lesen und schreiben und bis tausend rechnen können; die man also für drei Monate in einen Lehrerkurs schickt und dann um einen Hungerlohn sechzig bis achtzig Kinder in einer Stube unterrichten lässt; ein Auftrag also, der von vornherein als undurchführbar erklärt werden müsste.
Nun ja; der Lohn ist heute kein Hungerlohn mehr, die Klassen sind kleiner und die Ausbildung auch etwas besser, zumindest viel länger geworden; doch für ganz voll nimmt man die Lehrer auch heute nicht. Ja, man hat mehr oder weniger Respekt vor ihnen, aber komische Vögel sind sie trotzdem. Vom sicheren Hort des Besitzes an Grund und Boden aus schaut man ihrem Treiben zu, lässt sie gewähren, lobt sogar ab und zu, doch wenn ihr Treiben den Machthabern zu bunt wird, vertreibt man sie wieder. Vogel friss oder stirb, Vogel flieg. Den meisten Dörfern ergeht es mit den

Lehrerinnen und Lehrern wie den Schülern mit den Radiergummis: man verliert sie, bevor sie aufgebraucht sind.

Dann besorgt man sich wieder einen neuen Vogel, der artig hüpft und flattert, stutzt ihm wenn nötig die Flügel und das richtige Pfeifen kann man ihm vielleicht noch selber beibringen.

In dieser dünnen Luft, in diesem seltsamen Gemisch aus Achtung und Verachtung, haben wir Lehrerinnen und Lehrer uns einzurichten, zu bewegen.

Einmal lassen wir uns einschüchtern, dann wieder ergreifen wir die Flucht nach vorn, lassen so nicht mit uns reden und gelten gleich als arrogant und überheblich. Nach einigen Jahren Praxis hat uns dieses Klima durch und durch geprägt. Sieht man deshalb so vielen Lehrerinnen und Lehrern ihren Beruf von weitem an? Haben deshalb so viele Lehrerinnen und Lehrer kleine Gesichter?

Sie, die ihre Arbeit auf Vertrauen gründen sollen, sehen sich gezwungen, gegen aussen so misstrauisch zu sein: das schmerzt, das nützt ab, das macht müde. Lehrerinnen und Lehrer, die sich in ihrer Verletzlichkeit resigniert und endgültig eingerichtet haben, können diese Haltung selbstverständlich auch im Lehrerzimmer nicht einfach ablegen. Auch da gilt die Taktik: misstrauischer Rückzug auf die eigene Position ist die beste Verteidigung; das eigene Klassenzimmer eine halbwegs sichere Burg, Zugbrücke hoch und ja keine Werkspionage bitte.

Das ist zwar alles selbstverständlich, aber dennoch sehr sehr traurig, denn seit die Aufgabe des Lehrers ganz klar nicht einfach mehr im sorgfältigen Durcharbeiten diverser Lehrmittel plus Aufsatz und Diktat besteht, stellen sich Planungs- und Vorbereitungsaufgaben, die die einzelne Lehrerin, der einzelne Lehrer unmöglich mehr im Alleingang zufriedenstellend be-

wältigen kann: wir brauchen den gegenseitigen Rat, die gegenseitige Hilfe, den gegenseitigen Einblick in die alte Trutzburg «Klassenzimmer»; wir brauchen unbedingt die kollegiale Solidarität, eine echte Zusammenarbeit und nicht bloss ein gelegentliches Schulterklopfen; wir brauchen in unserer so anspruchsvollen Arbeit das kollegiale Vertrauen, nicht die kollegiale Missgunst.
Doch ja, was Hänschen nicht lernt, sagt man, lernt Hans nimmermehr. Die Zusammenarbeit unter Lehrerinnen und Lehrern muss an den Seminarien ganz bewusst geübt, trainiert, gelernt werden. Seminaristinnen und Seminaristen, die höchstens mit dem Busenfreund bei vorgehaltener Hand oder unter vier Augen mit dem Methodik- oder Didaktiklehrer über Probleme, die im Praktikum aufgetaucht sind, diskutieren können, lernen so ganz eindeutig nicht, was sie für die zukünftige Praxis brauchen.
Die Berufsarbeit des Lehrers, die Bildungs- und Erziehungsarbeit in der Schulklasse ist keine Privatsache! Wer sich nicht zu dieser Überzeugung durchringen kann, wer im Gespräch über den eigenen Unterricht eine kritische Rückfrage gleich als Angriff auf seine Person wertet, bringt die Voraussetzungen, die dieser Beruf erfordert, nicht mit. Aus ihm würde vielleicht ein sehr zuverlässiger Beamter mit eigenem Büro, eigenem Schreibtisch, mit seinem klar definierten und abgegrenzten Ressort, aber er wird kein Lehrer, der fähig ist, in kollegialer Zusammenarbeit den ohnehin schwer lenkbaren Riesenkahn «Schule» durch die gewaltigen Strömungen und Wirbel des gesellschaftlichen Alltags zu steuern.
Selbstverständlich kann er, wo auch immer er ist, mitschwimmen, sich treiben lassen, mühelos, und ab und zu mit den Wölfen heulen. Aber brauchen wir solche Lehrer, solche Lehrerinnen?

Man schmeichelt ja gelegentlich den Schriftstellerinnen und Schriftstellern, indem man sie zum «Gewissen der Nation» erklärt. Wäre es da nicht eine edle Aufgabe der Lehrerschaft, in dieser Sache quasi die «ausführende Behörde» zu sein?

Solidarität unter Lehrern wird, wie gesagt, leider klein geschrieben, auch von denen, die gegen die gemässigte Kleinschreibung sind.

Was erreicht werden kann, wenn Solidarität gross geschrieben wird und mehr ist als ein Schlagwort an nationalen Lehrertreffen, beweist das reformpädagogische Werk des Franzosen Célestin Freinet.

Célestin Freinet fand, als er seine erste Lehrerstelle in einem von der Armut gezeichneten Dorf in den französischen Alpen antrat, in seiner Schule – abgesehen von einigen verstaubten Lehrbüchern – nichts an Unterrichtsmaterial; nichts, womit er hätte arbeiten können; sicher nichts, womit er hätte arbeiten mögen.

Statt gleich die Flinte ins Korn zu werfen, betrachtete er diese Situation als Chance. Dabei kam er gar nicht erst auf den Gedanken, im Welten entfernten Paris um Mittel für seine Schule zu bitten; er begann mit den Kindern in ihrer natürlichen Umgebung zu arbeiten, begann mit den Kindern zusammen selber Lehrmittel herzustellen, aus all dem, was sie in ihrer eigenen Welt entdeckt, beobachtet und erfahren hatten. Freinet fand schnell Kolleginnen und Kollegen, die an ihren Klassen ebenso zu arbeiten begannen. Die Klassen tauschten ihr Material untereinander aus. Freinet führte zu diesem Zwecke die Schuldruckerei ein. Sie wurde bald zum Herzstück der «Ecole Moderne», wie die Freinet-Bewegung heute heisst. Ihr gehören in Frankreich rund 30 000 Lehrerinnen und Lehrer an, die zum grössten Teil in der regulären Staatsschule arbeiten.

Célestin Freinet war, wie die meisten Reformpädagogen, auch ein äusserst fleissiger Autor, der in seinen Büchern über die «méthode naturelle» sich mit dem Feuer der Begeisterung einsetzt für eine kindgerechte Erziehung, für eine lebendige Schule. Seine Bücher sind auch heute noch sehr aktuell.

So stiess auch ich in den späten sechziger Jahren auf Schriften von Célestine Freinet und fand dort, worauf ich am Seminar vergeblich gewartet hatte: praktische Hilfe, Unterrichtstechniken für die Arbeit an und mit mehrstufigen Klassen:
- die Arbeitsweise mit Wochenplan
- die Schuldruckerei
- die Hilfe zur Selbsthilfe

So viele Lehrerinnen und Lehrer sind virtuos im Erfinden von Ausreden, weshalb sie in ihrem Unterricht nicht verwirklichen können, was sie sich im Kopf an Schönem und Kinderfreundlichem zurechtgelegt haben. Wer Freinets Selbsthilfemodell kennt, hat keinen Grund für Ausreden mehr.

Übrigens: Man muss sich nicht unbedingt Freinet zum Vorbild nehmen, um den eigenen Unterricht zu verbessern. Die Palette reformpädagogischer Modelle ist breit, und aus all diesen Reformschulen können wir uns heilsame Anstösse holen.

Freinet-Pädagogik ist zudem keine Glaubenssache mit strengen Dogmen.

Freinet-Pädagogik macht Lehrerinnen und Lehrern, Schülerinnen und Schülern Mut, auf die eigenen Beine zu stehen und sich so auf den Weg zu machen; zu leben, statt zu vegetieren; Fragen zu stellen, statt sich dauernd ausfragen zu lassen; seine eigene Farbe zu finden, statt zu verblassen; zu arbeiten, statt sich bearbeiten und verarbeiten zu lassen.

Angst

Schülerinnen und Schüler haben oft Angst. Wir wissen es. Sie haben Angst, zu langsam zu arbeiten, nicht fertig zu werden, zu spät zu kommen. Sie haben Angst vor dem Lehrer, vor seinen Fragen, vor Proben, vor Prüfungen. Sie haben Angst vor Mitschülern ...
Auch Lehrerinnen und Lehrer haben Angst.
Anlässlich eines Lehrerfortbildungskurses haben Kolleginnen und Kollegen zehn Minuten lang ihren Ängsten nachgespürt.
Hier die Notizen von fünf der fünfzehn Teilnehmerinnen und Teilnehmer:

Ich habe Angst, etwas «Neues» werde den Eltern nicht gefallen, sie würden es sinnlos finden.
Ich habe Angst, dass die Eltern mir zum Beispiel eine Landschulwoche, ein Skilager usw. nicht zutrauen. Obschon ich (excusé) mein Können mehrmals bewiesen habe.
Ich habe Angst, dass die Eltern meinen, ihr Kind werde bei mir unter- oder überfordert.
Manchmal habe ich Respekt (Angst) vor den Eltern, weil sie alle älter und wahrscheinlich auch erfahrener sind.
«Was wott de das junge Tüpfi üs da cho lehre, mir wüsse besser, wi üser Ching si.»
Ich habe Angst, dass Kinder zu Hause vieles falsch erzählen und die Eltern viele Reaktionen des Lehrers missverstehen.
Ich habe Angst, dass ich verschiedene Dinge falsch oder zuwenig gründlich vermittle, lehre, ans Kind bringe.

* * *

Auf dem Stundenplan steht Religion. Ich will heute erzählen. Wir sitzen im Kreis, ich beginne mit der Geschichte. Es klopft:

Schulbesuch! Meine Gedanken jagen durcheinander. W i e soll ich weitererzählen? Ich fühle mich verunsichert, überwacht, kontrolliert. Doch ich muss weiterfahren, die Schüler warten.
Schulkommissionssitzung. Schon vor oder spätestens zu Beginn der Sitzung spüre ich krampfartige Magenschmerzen. Bereits wenn ich an frühere Sitzungen mit heftigen Diskussionen denke, bekomme ich Magenweh. Ich ertrage es nicht, wie ein ungehorsames Kind ausgeschimpft zu werden.

* * *

Kann der Schüler bei mir dasjenige lernen, das er im späteren Leben gebrauchen kann, ihm wirklich hilft?
Was soll ich davon halten, wenn lange Zeit kein Echo von den Eltern kommt? Wenig Anteilnahme?
Hemmung vor direkter Konfrontation mit dem Lehrer?

* * *

Ich habe Angst davor,
– dem Schüler nicht gerecht zu werden, ihm als Mensch (Partner) nicht zu genügen, ihn misszuverstehen über lange Zeit
– ein Kind nicht so fördern zu können, wie es seiner Art entspricht, wie es ihm seine Begabungen und Fähigkeiten erlauben würden
– in den Augen ehemaliger Schüler irgendwie Missbehagen zu entdecken
– als älter werdender Mensch die Jungen nicht mehr zu verstehen
– den Ansprüchen nicht mehr zu genügen,
– (ein wenig) (das war vor allem früher) im Dorf nicht die nötige Anerkennung zu finden.
Als junger Lehrer hatte ich Angst vor den Kollegen.

Sie erfinden etwas, erzählen es weiter und ich kann nicht dazu Stellung nehmen.
Ich merke nicht, warum man gegen eine meiner Ideen ist und kann mich nicht verständlich machen – weil ich eben nicht weiss, was ich erklären müsste.
Unausgesprochenes, nicht-beim-Namen-genanntes Misstrauen.
Das Geltungsbedürfnis eines Dummkopfs, oder eines Säufers oder eines rachedurstigen, in der Kindheit Zukurzgekommenen

---

Sie spielen ein Spiel.
Sie spielen damit, kein Spiel zu spielen.
Zeige ich ihnen, dass ich sie spielen sehe, dann breche ich die Regeln, und sie werden mich bestrafen.
Ich muss ihr Spiel, nicht zu sehen, dass ich das Spiel sehe, spielen.

Aus Ronald D. Laing «Knoten», Rowohlt, das neue buch, dnb 25/500, Hamburg 1972

Kind – Lehrerin – Eltern – Schulkommission.
Ein Beziehungsgeflecht.
Oft eher ein Beziehungswirrwarr.
Wer hat Angst vor wem?
Wer hat mehr Angst?
Wer weiss besser, was richtig ist?
Weiss sie es wirklich oder tut sie nur so?

Was Kolleginnen und Kollegen an diesem Kurs aufgeschrieben haben, bleibt in der Regel unausgesprochen: so bilden sich Knoten statt Lösungen.
Die Knoten hocken irgendwo in der Brust.
Atemnot.
Und vielleicht gibt es keine Lösung,
aber man könnte sich doch verständigen,
das Netz der Ängste zerreissen,
indem der erste gesteht: Ich habe Angst.

Wir haben Angst vor der Angst.
Wir haben Angst vor dem Rat,
doch keine Angst zu haben.

Solange der Knoten in uns sitzt,
ist Angst ein lebenswichtiges Signal.

Schule, ein unmöglicher Arbeitsplatz

Ein schleichendes Leiden erschwert die Arbeit des Lehrers: Wie er's auch anpackt, er könnte es besser machen, noch besser, noch viel besser.
Der Ursprung dieses Leidens liegt meist nicht im Lehrenden selbst. Es gibt zwar, wie in jedem Beruf, auch unter den Lehrerinnen und Lehrern Träge und Faule, Menschen ohne Feuer, ohne Engagement. Doch bleiben gerade diese erstaunlich unangefochten.
Nein, der Ursprung des Lehrerleidens liegt in den durch und durch widersprüchlichen Erwartungen an ihn und seine Arbeit. Diese Widersprüche betreffen zwar auch die faulen und lauen Lehrerinnen und Lehrer, bewusst werden sie allen Beteiligten aber erst, wo der Unterricht Farbe und Profil hat.

Einige dieser Widersprüche:

Die Lehrerin sieht die von Informationen, von Stoff verschütteten Kinderseelen; sieht, wieviel Schweres, Schwieriges und auch Böses die Kinder schon erfahren haben. Unter dieser Last droht, was man einmal unbeschwerte Kindheit genannt hat, endgültig zu ersticken. Sie versucht freizuschaufeln, zu retten,
    doch da kommen Eltern und wollen, dass sie die Kinder nicht vom Stoff befreit, indem sie, was sich in den Kinderköpfen angestaut hat, kreativ verarbeiten lässt, sondern dass sie noch mehr Stoff in die überfüllten Köpfe stopft.

Der Lehrer erlebt die geistige Armut der Kinder, die in der Flut äusserer Bilder ihre inneren Bilder verloren haben, hohl und leer geworden sind. Phantasie ist für sie zur bedeutungslosen Worthülse geworden. Da-

her beginnt der Lehrer wieder Geschichten zu erzählen, die immer wieder auch über die reale Welt hinausführen; er lässt die Kinder selber Geschichten erfinden,
> bis Eltern kommen und konsterniert fragen, wie er diese Zeitverschwendung denn verantworten könne, angesichts der Fülle an Themen aus der Realität, die es doch beim Eid zu bewältigen gelte.

Die Lehrerin versucht, durch vielfältige Arbeitsweisen die Kinder zu lehren, sie erleben zu lassen, dass nicht blindes Erfolgsstreben, sondern Hilfsbereitschaft Lebenssinn vermittelt. Gerade deshalb verzichtet sie weitgehend auf Noten und auf viele Formen des Wettbewerbs,
> doch ängstliche Eltern befürchten, die Lehrerin mache die Kinder so zu weichen Eiern, untauglich für den harten, allein vom Wettbewerb bestimmten Alltag.

Der Lehrer versucht, jedes Kind seine Individualität, seine ganz persönliche Farbe finden zu lassen,
> doch die Eltern haben Angst, ihr Kind werde einmal anecken, wie so viele, die unverblümt Farbe bekannt haben. Die Eltern haben erfahren, dass grau in grau die kommodeste Form ist, um ungeschoren durchs Leben zu kommen. Sie bedauern zwar die verblassende Farbenpracht der Kinderseelen, doch Grau, finden sie, sei ja auch eine Farbe.

Lehrerinnen und Lehrer möchten ihre Schülerinnen und Schüler erleben lassen, wie befriedigend geistige Eigenständigkeit ist; dass nur der geistige Selbstversorger wirklich glücklich sein kann,
> und dies in einer Welt, die aus jeder Zeitschrift,

von jeder Plakatwand und bald zwischen jeder Sendung am Bildschirm den Kindern zuflüstert, dass nur der zu lachen hat, der viel und vom Richtigen konsumiert.

Dieser Katalog der Widersprüche liesse sich fast endlos weiterführen. Er würde aber mit jedem weiteren Beispiel stets neu und noch deutlicher zeigen, dass Lehrerinnen und Lehrer sich in ihrer Arbeit dauernd gezwungen sehen, Kompromisse einzugehen in einer Sache, in der der Kompromiss kein taugliches Mittel ist. Es gilt hier, was die Offenbarung des Johannes in bezug auf den Glauben sagt: O dass du kalt oder warm wärest! So aber, weil du lau bist und weder warm noch kalt, will ich dich ausspeien aus meinem Munde.

Ja, und wie ergeht es nun den Lehrerinnen und Lehrern?
Sind sie kalt oder warm, werden sie angespuckt, die Kalten von der einen, die Warmen von der anderen Seite. Das Heer der Lauen aber wird ausgespuckt. Die Alternativen sind also nicht besonders verlockend: angespuckt werden oder ausgespuckt werden.
Die Angespuckten aber haben doch das Plus, dass eine Seite wenigstens ihnen ab und zu danke sagt.
Der Anpassungsdruck, der auf Lehrerinnen und Lehrern lastet, ist gewaltig und wirkt von verschiedenen Seiten, von rundum sozusagen. Da jede Lehrerin, jeder Lehrer weiss, dass er ohne ein Mindestmass an Vertrauen in seine Person gar nicht arbeiten kann, und schliesslich jeder Mensch sich nach Anerkennung sehnt, nimmt dieser Druck noch einmal empfindlich zu.
«Geht davon aus», sagt daher Hans Joss, der Leiter der bernischen Semesterkurse, «dass der Arbeitsplatz des Lehrers ein unmöglicher Platz ist.»

Ich finde diesen Ansatz sehr heilsam. Er kann uns wegführen vom permanenten Gefühl, nicht zu genügen, wegführen von der Untugend, unsere Augen dauernd auf Löcher zu fixieren, auf all das, was wir nicht geschafft, nicht erreicht haben.

Dagegen der neue Ansatz: allen Widerwärtigkeiten zum Trotz habe ich dies und das und jenes erreicht. Warum sollte ich mich mit den Kindern zusammen nicht darüber freuen. Bin ich nicht ein lächerlicher Dummkopf, wenn ich mir einbilde, ich dürfe mit mir und meiner Arbeit erst zufrieden sein, wenn ich die gesellschaftlichen Widersprüche kraft meines umwerfenden Geistes aufgehoben, das Unmögliche möglich gemacht habe.

Was sollen wir Lehrer also sagen, wenn Eltern kommen und fragen: Lernt unser Jürg denn genug fürs Leben? Wir sollten gar nicht erst versuchen, diese Frage zu beantworten.
Wir sollten diese Eltern immer wieder, und also auch bei dieser Gelegenheit, darauf aufmerksam machen, dass Vertrauen ein wirkungsvoller Erziehungshelfer sei, Ängstlichkeit dagegen alle guten Wege blockiert.
Und damit die Eltern Grund haben, uns zu vertrauen, wollen wir mit den Kindern zusammen ein Lernklima schaffen, in dem sie gedeihen können; wollen wir sie wenn nötig mit unserem eigenen Rücken schützen vor den rauhen Winden, die an uns allen rütteln.
Und wenn Eltern uns entgegnen, es gehe doch gerade darum, die Kinder möglichst früh eben diesen rauhen Winden auszusetzen, so erst würden sie stark und widerstandsfähig, sollten wir versuchen zu erklären, dass die Kinder so nur hart, aber nicht stark werden könnten, und dass es ein tragischer Irrtum wäre, Härte mit Stärke zu verwechseln.

Die Schule ist ein unmöglicher Arbeitsplatz. Ja, aber sorgen wir dafür, dass sie für das Kind trotzdem eine Möglichkeit ist. Gelingt uns dies, bleibt für den Lehrer das Unmögliche zwar bestehen, doch es kommt dazu, dass es auch spannend und lohnend ist, da zu arbeiten.

**Schule
Eltern
Schulkommission
Demokratie**

Schule und Demokratie

Wo steht die Wiege der Demokratie?
Wer's weiss, hält die Hand hoch!
Wir könnten auch ankreuzen lassen.
Also noch einmal: Wo steht die Wiege der Demokratie?

☐ in der Innerschweiz
☐ unter der Gotthard-Autobahn
☐ im Jura
☐ im Jahr 1291
☐ im Jahr 1848
☐ im Bundeshaus in Bern
☐ im Verkehrshaus in Luzern
☐ zu Hause
☐ in der Schule

Wie so oft sind auch hier viele Antworten möglich. Wer Geschichte gern mit Geschichten verwechselt, wird gleich bei den alten Eidgenossen aufschlagen. Wer sich bewusst ist, dass Demokratie nicht etwas ein für allemal Erworbenes ist, das man als Kostbarkeit sorgsam hütet und von Generation zu Generation weitergibt wie einen Bauernschrank, wird auf Elternhaus und Schule setzen. Er weiss: Demokratie besteht nur so lange, wie sie gelebt wird. Demokratie ist ein Produkt der Erziehungsarbeit.

Doch, ist die Schule eine demokratische Einrichtung?
Nein.
Die Schule ist eine staatliche Einrichtung, in der demokratisches Verhalten geübt werden kann. Das ist ein wesentlicher Unterschied, denn wer den Kindern gegenüber die Schule zur demokratischen Einrich-

tung erklärt, betreibt ideologische Schaumschlägerei, die in der Erziehung alles andere als wünschbar ist.

Dass es dringend nötig ist, in der Schule immer wieder demokratisches Entscheiden zu üben, zeigt das folgende Beispiel aus einer winzigen Gemeinde, die des nicht eben rühmlichen Beispiels wegen vielleicht nicht genannt werden möchte.

In dieser Gemeinde, diesem Dorf, hat es weder eine Kirche noch ein Wirtshaus, auch kein Gemeindehaus. Deshalb finden sämtliche Anlässe, ob Gemeindeversammlung, Chorprobe oder Abdankungsfeier im Schulhaus, im Schulzimmer statt. So gibt es Wochen, in denen fast an jedem Abend mindestens ein Vereinsvorstand oder eine Kommission tagt. Der Lehrer, der gleich über der Schulstube wohnt, hört dann den monotonen Singsang der sich beratenden Stimmen und immer wieder auch ein urchiges Gelächter, denn im Grunde ist Demokratie doch eine heitere Angelegenheit. Nur selten mal werden die Stimmen härter und heftiger, die Worte schneidender, das trotz allem folgende Gelächter ist dann höhnisch und böse. So oder so steigt jedesmal im Laufe des Abends das immer gleiche Gemisch von Gerüchen, ein Gemisch aus Schweiss, Rasierwasser und feuchten Stumpen die Treppe hoch und bleibt vor der Wohnungstür des Lehrers hocken. Und der Leher hat, was er zuvor in keiner der vielen Geschichtsstunden gelernt hat, erst auf dem Dorfe erfahren, dass auch die Demokratie ihren ganz eigenen, unverwechselbaren Geruch hat, wie Milch, Kuhmist und gebratene Kartoffeln auch.

Es tagen also die Mannen der Schützengesellschaft. Man braucht eine neue Standarte, die alte ist verblichen und fällt aus den Nähten. Der Fahnenmacher hat bereits sechs Entwürfe gezeichnet und leicht koloriert. Nun also geht es darum, aus den vorliegenden Entwürfen jenen auszuwählen, der am besten gefällt, den

schönsten eben. Ein langes Hin und Her, Dafür und Dawider. Das ist recht so, man hat ja Zeit; die Standarte ist das Haupttraktandum des Abends. Schliesslich wird entschieden. Dann vernimmt der Lehrer oben in seiner Wohnung dumpf wie immer die unverkennbaren Zeichen des Aufbruchs: ein Durcheinander gelockerter Stimmen, Stühle werden gerückt, die Schulzimmertür aufgemacht, und gleich quillt der Lärm durchs Treppenhaus und hinaus auf den Pausenplatz, wo die ersten Autotüren zugeschlagen werden, nach und nach alle wegfahren, nach Hause oder zu einem der Wirtshäuser der Umgebung.
Nun kann der Lehrer seine Schulstube wieder betreten, mit angehaltenem Atem die Fenster öffnen und während des Lüftens unter den Pulten Erdklumpen und Strassenstaub zusammenkehren, damit er am Morgen wieder Grund haben wird, von den Kindern zu verlangen, ihre Hausschuhe anzuziehen. (Doch das tut hier weiter nichts zur Sache.)
Am nächsten Tag gibt es viel zu reden im ganzen Dorf, wegen der Versammlung von gestern, wegen der Standarte: die letzte, die mingste, die schitterste haben sie genommen, sagen fast alle, auch die, die an der Versammlung waren und ausgelesen haben. Die Empörung wird so mächtig, dass kein anderer Weg offen bleibt, als noch einmal zu einer Versammlung aufzubieten.
Die Versammlung findet statt, die gleichen sitzen da in der Schulstube; wieder wird lange beraten, laut geredet, seltener gelacht, und wieder entscheidet man sich, für eine andere jetzt, nicht für die mingste, für die schönste dieses Mal.

In der gleichen Stube haben auch die Kinder regelmässig ihre Versammlung, den Klassenrat.
Wer etwas besprochen haben möchte, schreibt dies auf

einen Zettel und wirft diesen in den Klassenbriefkasten. Jeweils für ein Quartal leitet ein von der Klasse dazu Gewählter den Klassenrat am Freitagnachmittag. Anhand der Zettel leitet die oder der Vorsitzende die Verhandlungen, nimmt Zettel um Zettel vor.
Die Kinder sind dazu angehalten, nicht nur Kritik zu üben, sich nicht nur zu beklagen, sondern auch zu loben, wo es zu loben gibt, da und dort einen Dank als Zeichen der Anerkennung nicht zu vergessen.
Der Lehrer schreibt das Protokoll, liest auch jeweils zu Beginn einer Sitzung das Protokoll der letzten Woche vor.

Da ein Beispiel:

Klassenrat, 5. Woche, 26. Mai

– Adrian findet es schön, dass die Unterschüler die ganze Woche auf den Spielplatz vor dem Haus verzichtet haben.
– Bruno Galler, der bekannte Fussball-Schiedsrichter, hat am Lehrerkurs hier teilgenommen und eine Turnstunde übernommen. Dabei konnte die Klasse unter seiner Leitung Fussball spielen und mit ihm über neue Fussballregeln sprechen. Das finden Simone, Hansueli, Vinzenz, Barbara, Reto, Jürg und Christian Spitze. Christian gefiel zudem, dass es beim Spielen absolut keinen Krach gab. Reto freut sich speziell auf den WM-Fussball, den Herr Galler der Klasse versprochen hat.
– Jacintha gefällt es im Turnen besonders, wenn Herr Meyer mitspielt.
– Markus hat es gefreut, den Clown-Film wieder einmal gesehen zu haben, und er wünscht auch die andern Filme, die wir selber gemacht haben, wieder einmal zu sehen.
– Barbara und Adrian klagen über zu viel Rechenaufgaben; das Fahrplanlesen habe viel Zeit gebraucht. Der Lehrer nimmt das Fehlende aufs neue Programm.

– Jürg, Hansueli, Adrian, Thomas und Jacintha beklagen sich, die andern würden sie beim Pausen-Fussballspiel oft nicht mithelfen lassen.
Die Angeklagten halten dem entgegen, wenn sie mitmachen wollten, dann sollen sie nicht erst mitten in der Pause auf den Platz kommen. Gemeinsamer Beschluss für die Zukunft: wer mitspielen will, kommt gleich am Anfang der Pause auf den Platz.
– Theo fordert die Abschaffung der Franzwörtli-Kartei. Andere sind gar nicht seiner Meinung. Auch der Lehrer will darauf nicht verzichten, weil er überzeugt ist, dass dies ein guter Weg ist, sich den Wortschatz einzuprägen.

Wer so mit Kindern arbeitet, ist bald einmal davon überzeugt, dass es in der Schule nicht darum geht, demokratisches Verhalten zu lernen, sondern bloss anzuwenden, immer wieder, damit die Kinder es nicht verlernen – wie vor ihnen viele Erwachsene es offenbar mangels Übung verlernt haben.
Denn was ist demokratisches Verhalten, einmal ganz unideologisch gesehen, anderes als ein Verhalten, das geprägt ist von liebevoller Rücksichtnahme, Offenheit und Ehrlichkeit; der hohen Kunst auch, sich in die Lage eines anderen versetzen zu können.
Demokratisches Verhalten ist eben weder ein Durchboxen privater Interessen noch ein dauerndes Lavieren aus Angst, jemandem auf die frechste Zehe zu treten. Politiker, die es immer allen recht machen wollen, schaden der Demokratie. Weil sie in der Mehrheit sind, ist unser Land weniger demokratisch als Staatskundebücher und 1.-August-Redner uns glauben machen wollen. Ich schlage vor, dass wir diesen Totengräbern der Demokratie in jeder Stadt ein Denkmal setzen mit der Aufschrift: Sie vertraten jede Meinung; wenn es sein musste, sogar die eigene.

Wundermittel Schule

Als Lehrer musste ich unter anderem lernen, mit der Tatsache umzugehen, dass es immer wieder Eltern gibt, die mehr an die Schule glauben als ich selber.
Doch was heisst «an die Schule glauben» und wie äussert sich dieser Glaube?
Der Glaube an die grenzenlosen Möglichkeiten der Schule ist nur ein Zweig jenes Gestrüpps, das wir mit «Allmacht der Macher» bezeichnen könnten. Für den Allmacht-Gläubigen ist das Unvollkommene ein Makel; also *macht* er das Unvollkommene möglichst vollkommen: Lücken werden aufgefüllt, Beschädigtes wird sofort repariert, Schwächen werden behoben. Was fehlt, wird ersetzt, was zuviel ist, wird abgehauen; massgebend ist die jeweils gültige Norm, zurzeit ist es nicht sture Uniformität, sondern eine bunt kaschierte Uniformität, denn wir leben in einer Gesellschaft, die stolz ist auf ihre Pluralität, da würde nackte Uniformität allzu befremdend wirken.
Wir schaffen es.
Jesus hat aus Wasser Wein gemacht, unsere Schule macht aus Schwachen Intelligenzprotze.
Wer an Grenzen glaubt, an Grenzen des Machbaren, weist sich damit aus als Mann von gestern; zeigt Schwäche, wo Stärke gewünscht ist.
Die Macher-Mentalität degradiert den Menschen zur Ware, so dass heute nicht immer auf Anhieb auszumachen ist, ob ein Garagist von einem Auto, ein Chirurg von einem Patienten oder ein Lehrer von einem Schüler spricht.
Da ist Serge, gross und verträumt, träge, unendlich träge. Nach Ansicht seines Vaters ist es an der Schule, «ihn auf Touren zu bringen», bei «Leistungsabfall» ganz einfach «die Schraube anzuziehen». Dass Serge,

wenn schon, einem Kleinklass-Wagen gleichkäme und nicht einem Formel-1-Boliden, als den ihn der Vater sehen will, diesen Gedanken lässt er ganz einfach nicht zu. Für ihn ist dies bloss eine Frage der Leistungsfähigkeit der Schule. Wenn Gott den Adam aus Lehm gemacht hat, wird es doch wohl möglich sein, aus Serge einen Formel-1-Typ zu machen.

Dem Denken eines Machers ist das Wort «Vertrauen» unverständlich; es ist ein Wort, für das er keine Verwendung hat. Vertrauen in die Anlagen des Kindes. Was soll das? Das ist für den Macher faules Geschwätz. Schliesslich steht der Garagist auch nicht mit verschränkten Armen neben einen Wagen und hat Vertrauen darauf, dass die Zündung sich reguliert.
Zentrale Begriffe des Machers sind Effizienz und Produktivität; sein wesentlichster Charakterzug ist Ungeduld.
Zentrale Begriffe des humanen Erziehers sind Liebe und Vertrauen; sein wesentlichster Charakterzug ist Geduld.

Liebe Eltern, wäre es euch doch nur einmal gegeben, zu sehen, wie sehr Ungeduld euren Kindern schadet.
Ungeduld ist Gift in der Erziehung.
Eine Hauptwurzel von Lernbehinderungen ist mangelndes Vertrauen des Lernenden in seine eigenen Fähigkeiten; er hat die Quelle seiner inneren Kräfte noch nicht entdeckt. Hacken nun Eltern und Schule mit Ungeduld auf ihn ein, schütten sie damit noch mehr Geröll auf ihn, und er verliert bald einmal den letzten Glauben an sich selbst, trägt seine bittere Not mit Fassung und reiht sich ein in die Masse der «schweigenden Mehrheit».
Ungeduld ist stets Ausdruck uneingestandener Angst.
Ungeduld erzeugt im unsicheren Kind neue Angst.

So denke ich oft, ob denn die Schule wirklich dazu geschaffen worden sei, damit jeder jedem das Leben schwer machen könne: der Lehrer dem Schüler, die Eltern dem Lehrer, der Schüler seinen Eltern und je umgekehrt.

Vertrauen und Geduld erst machen es möglich, dass der Unsichere sicherer werden kann: ich habe Zeit; man hilft mir und ich darf mir helfen lassen; ich kann das ja!
Und er beginnt, die Mauer abzubrechen, in die er sich eingekerkert hat, beginnt Geröll von seiner Seele zu wälzen, er atmet auf, es fällt ihm ein Stein vom Herzen und es geht ihm ein Licht auf.

Liebe Eltern, selbstverständlich können wir der Sabine den Pythagoras doch noch eintrichtern, wenn der Preis keine Rolle spielt, wir können ihn sogar so einhämmern, dass sie ihn ihr Leben lang nicht mehr vergessen wird, vor allem das Drum und Dran. Aber was haben wir denn erreicht, wenn sich dadurch ihre Seele in den hintersten Winkel ihres Körpers verkriecht? Wird sie dann mit Hilfe des Pythagoras den Weg zu andern finden? Wird sie sich mit dem Pythagoras schützen gegen den Stress der Stellensuche? Soll sie sich dann mit dem Pythagoras zur Wehr setzen gegen unmenschliche Politik?
Das alles braucht doch mehr, das alles braucht doch ganze Menschen, runde Menschen, Menschen, die ihre eigenen Grenzen kennen, sich aber innerhalb dieser Grenzen frei bewegen können, die ohne Angst bis an ihre Grenzen gehen dürfen. Solche Menschen haben ihr Leben lang Kraft zu helfen und können, wo's über ihre Grenzen hinausginge, sich helfen lassen, ohne dabei ihre Eigenständigkeit, ihren gesunden Stolz zu verlieren.

Eine menschengerechte Schule wird also nie fragen: Was soll aus diesem Kind werden; was muss dieses Kind einmal haben und können? Eine menschengerechte Schule wird eine Umgebung, ein Klima schaffen, in dem es seine Persönlichkeit entdecken, seine Anlagen entwickeln kann; ein Klima, in dem es mit Erfolg arbeiten kann und so erfährt, dass Lernen und Arbeiten zwar ab und zu recht hart sind, aber im Grunde doch schön und befriedigend.
Solche Menschen werden ihr Leben lang Lernende bleiben, offen für Neues, und es ist für sie daher recht nebensächlich, welchen Stoff sie in der Schule «durchgenommen» haben und welchen nicht.

Eltern, die Angst haben um die Zukunft ihrer Kinder, wissen bloss zu gut, was aus ihnen einmal werden soll. Hätten die Eltern diese fixen Vorstellungen nicht, könnten sie ihren Kindern die Zeit lassen, die sie brauchen; könnten erfahren, wie spannend es ist, mit Liebe mitzuverfolgen, was aus den Kindern wird; etwa so, wie wir das Wachsen einer Pflanze aus einer Blumenzwiebel, deren Art wir noch nie gesehen haben, mit Spannung und grosser Erwartung betrachten.

Die Eltern und die Schule

Schule: Demokratie, Republik oder Diktatur?
Gehen wir davon aus, unser Land sei tatsächlich immer noch eine Demokratie. Nehmen wir weiter an, die Schule in einer Demokratie müsse eine demokratische Schule sein. In einer demokratischen Schule müsste demnach die Basis, also Schüler und Eltern, wesentlich mitreden, mitbestimmen können. Dieser Meinung sind offenbar auch die Parlamentarier und die Erziehungsdirektion des Staates Bern, zumindest was das Recht der Eltern betrifft. So soll denn dieses Recht auch im neuen bernischen Schulgesetz verankert werden.
Unter dem Artikel 25 (Entwurf vom 26. Februar 1987) steht:
Art. 25   ¹Lehrerschaft und Eltern sind gegenseitig zur Zusammenarbeit verpflichtet.

²Die Eltern sind regelmässig und in angemessener Weise von der Schule über den Stand der Förderung und das Verhalten ihrer Kinder sowie über wichtige Geschehnisse und Vorhaben im Zusammenhang mit dem Unterricht und dem Schulbetrieb zu informieren.

³Die Eltern sind einzeln oder als Gesamtheit auf Verlangen durch die betreffenden Lehrkräfte, den/die Schulleiter/in oder die Schulkommission anzuhören und zu beraten. Sie haben das Recht, den Unterricht ihrer Kinder gelegentlich zu besuchen. Im besonderen besteht die Informations- und Anhörungspflicht der Schule gegenüber den Eltern während des Vorbereitungsverfahrens zu Übertritten und bei Übertrittsentscheiden innerhalb der Volksschule.

⁴Das Gemeindereglement kann weitere Formen der Mitspra-

che und Mitwirkung der Eltern vorsehen, so z. B. Elternräte, die Teilnahme von Eltern der Schüler/innen mit beratender Stimme an Sitzungen der Schulkommission oder die Wahl von Elternvertretern als Schulkommissionsmitglieder.

Dazu der Kommentar der Erziehungsdirektion:

Art. 25   Elternmitsprache

Abs. 1 und 2   Der Zweckartikel (Art. 2) verpflichtet die Volksschule, die Eltern in der Erziehung der Kinder zu unterstützen. Andererseits hält Art. 302 ZGB die Eltern zur Zusammenarbeit mit der Schule an. Erste Voraussetzung für eine gute Zusammenarbeit mit den Eltern ist, dass die Schule eine offene Information pflegt. Die Information erschöpft sich nicht im Abgeben der vorgeschriebenen Schulberichte und Zeugnisse, sondern erfordert neben allgemeinen Informationsmitteln (Rundschreiben der Schulkommission bzw. des Lehrers/der Lehrerin, Elternabende) auch die individuelle Information über den Entwicklungs- und Bildungsstand des/der einzelnen Schülers/Schülerin.

Abs. 3   Den Eltern steht einzeln oder als Gesamtheit das Recht zu, mit ihren Anliegen an die Schule zu gelangen und von dieser angehört zu werden. Ausdrücklich festgehalten wird zudem das Recht auf Schulbesuch, welches bis jetzt nur gewohnheitsrechtlich bestanden hat. Schliesslich wird verdeutlicht, dass die Eltern vor allem im Zusammenhang mit Übertritten informiert und angehört werden müssen (vgl. Art. 21 Abs. 3). Die stärkere Beteiligung der Eltern am Übertrittsverfahren bildet ein zentrales Element des verbesserten Volksschulmodells.

Abs. 4   Die eigentliche Elternmitsprache wird bewusst offen formuliert. An Stelle eines verbindlichen Einheitsmodells soll jede Gemeinde selber bestimmen können, in welchem Ausmass und auf welche Weise die Eltern beim Schulgeschehen mitsprechen und mitwirken können. Beispielsweise wird es möglich sein, dass ein Gemeindereglement vor allem auch solche Personen in eine Schulkommission wählbar erklärt, welche selber Kinder in der betreffenden Schule haben. Im weiteren soll eine Schulkommission insbesondere auch Eltern von Ausländerkindern anhören und zu Sitzungen einladen können.

Weshalb habe ich, wenn ich das lese, ein ungutes Gefühl? Ist es denn nicht selbstverständlich, dass die Eltern als verantwortliche Erzieher wissen wollen, wie und woran in der Schule mit ihren Kindern gearbeitet wird?
Ich habe Fälle schönster Zusammenarbeit mit Eltern erlebt; auch ohne institutionalisierte Elternmitsprache.
Ich habe aber auch viele Fälle erlebt, in denen Eltern mitreden wollten, ohne Elternabende besucht zu haben, ohne sich erst die Mühe aufzubürden, sich über das Wie und Warum informieren zu lassen und dann erst noch gehörig darüber nachzudenken; auch dies ohne institutionalisierte Elternmitsprache.
Wie leicht lässt sich dieses oder jenes Detail kritisieren. Die Arbeit des Lehrers aber zielt aufs Ganze. Kritik an Details ohne Blick aufs Ganze dient letztlich niemandem.
Dass auch in Gesetzesentwurf und Kommentar Prüfungsvorbereitung und Übertritte betont werden, zeigt an, in welcher Richtung wohl die meisten Elternräte ihre Aufgabe sehen würden: wahrscheinlich nicht in Richtung ganzheitlicher Erziehung, sondern in Richtung Stoffvermittlungs-Kontrolle; also nicht vor dem Hintergrund des Allgemeinwohls, sondern getrieben von nackten Privatinteressen, nicht aus Bösartigkeit, sondern aus Angst um die Zukunft des Kindes:

Lernt denn unser Rolf genug?! Weshalb bekam der Bruno, der unsere Rebekka so gemein behandelt hat, keine zünftige Strafe? Weshalb ist der verhaltensgestörte Daniel, der die ganze Klasse bremst und vor allem unsern Jürg, nicht längst in der Sonderklasse? Wenn unsere Sandra die Sekprüfung nicht besteht, werde ich gegen Sie, Herr Berger, rechtliche Schritte unternehmen. Wir haben uns leider zu spät überlegt, Sandra in die Privatschule zu schicken, wo man lernt und nochmal lernt und nicht die halbe Zeit bastelt wie bei Ihnen.
Wohin solche falsch verstandene Elternmitsprache führt, die ja dann eher Elterneinsprache oder Elterndiktatur heissen müsste, habe ich, zum Glück nur von aussen, an einer freien Volksschule miterleben können, die sich, aus ihrer Entstehungsgeschichte heraus, selbstverständlich als demokratische Einrichtung verstand. Vollausgebaute Elternmitsprache!
Mutter A fordert klar Unterrichtsstil X, auf gar keinen Fall Stil Y. Vater B dagegen erklärt Y als die einzig vertretbare Alternative, X als heillos bürgerliches Relikt. Mutter C wiederum proklamiert: weder X noch Y, sondern endlich radikal brechen mit allem Gehabten, also Stil Z. – Und was möchte der Lehrer, der mit der Klasse ja schliesslich arbeiten sollte? Der wusste zuerst eigentlich ganz genau, in welcher Richtung er mit seinen Schülern vorankommen wollte, kämpfte sich dann einige Monate durch den Dschungel der Elternmeinungen, -wünsche und -forderungen, vorerst mit Anhören, Verstehen und Sicherklären, dann allmählich forscher mit Debattieren und Sichrechtfertigen, bis er nur noch zwei Möglichkeiten sah: entweder den Dschungel niederbrennen (was weder angebracht noch realisierbar war) oder umkehren und die Flucht ergreifen. Und immer wieder ergriffen Lehrer die Flucht.

Weniger deutlich, aber doch klar erkennbar, ist dieser Stil der Elternmitsprache auch in der öffentlichen Schule zu spüren, und wenn also Lehrerinnen und Lehrer der Verankerung dieses Elternrechts mit gemischten Gefühlen entgegensehen, hat dies nur bedingt mit mangelndem Selbstbewusstsein zu tun, denn eine Flut egoistischer Forderungen fegt allemal vernünftige Argumente, und seien diese noch so gefestigt durch Fachwissen und jahrelanges Nachdenken, spurlos weg. Wie schnell werden so demokratische Einrichtungen zum Wirkungsfeld potentieller Diktatoren, auch im Schulbereich. Ob es dann eine Diktatur von oben, unten oder hinten ist, ist für Lehrerinnen und Lehrer, die in diesem Klima arbeiten sollen, egal; es wird so oder so unerspriesslich werden.
Auch jeder Nicht-Anthroposoph wird daher Rudolf Steiner beipflichten, wenn er erklärt: «Die Schule ist eine Republik.» Wir wählen den Lehrer unseres Kindes bewusst und sorgfältig aus. Haben wir aber einmal gewählt, überlassen wir das Feld schulischer Arbeit ganz ihm. Das heisst dennoch nicht, dass wir uns als Eltern nicht mehr um die Schule zu kümmern hätten. Im Gegenteil: der Lehrer soll uns über seine Arbeit, das Was, das Wie und das Warum, ins Bild setzen. Wir sollen Fragen stellen dürfen, auch kritische Fragen. Ob und wie er aber unsere Fragen, unsere Einwände in seine Arbeit einbezieht, ist wiederum ganz seine Angelegenheit. Wir haben – solange die Kinder nicht Schaden nehmen an Leib und Seele – kein Recht, ihm immer und überall ins Steuerrad zu greifen (übrigens wird vor allem gerade jenen Lehrern ins Steuer gegriffen, die ihre Schüler vor Seelenschäden zu bewahren wüssten!). Jede Lehrerin soll also – zum Wohle der Kinder – ruhig ihren Kurs halten können, und nicht unverhofft zick und ebenso unverhofft zack und am nächsten Tag den Weg des Vortags zurück. Wer da

noch glaubt, solche Irrfahrten seien eine ideale Voraussetzung für demokratische Erziehung, verwechselt Demokraten mit Hampelmännern. Denn Lehrer, die so arbeiten müssen, können dies nur als Hampelmänner; jeder kann hurtig mal, ohne viel zu überlegen, am Schnürchen ziehen und das Lehrerlein macht einen Hopser.

Film gerissen
Was tun, wenn reden nicht mehr hilft?

Bewusste, sachliche Auseinandersetzung ist offenbar nicht jedermanns Sache. Solange aber in einem Konfliktfalle beide Seiten zum Gespräch bereit sind, ist nichts verloren. «Verloren» sage ich. Verweigert eine Partei das Gespräch, haben beide Parteien verloren. Halten beide Seiten durch, stehen am Ende zwei Gewinner da.
Nun ja, was mache ich als Lehrer, wenn Eltern einen Streit vom Zaune brechen und dann bald einmal das Wort verweigern; Film gerissen, fertig!?
Ich werde nun die Entwicklungsgeschichte eines solchen Konflikts nachzeichnen, um zu zeigen, was Lehrerinnen und Lehrern in ihrem ohnehin nicht leichten Beruf immer wieder an zusätzlichen Lasten aufgebürdet werden.

Die Geschichte könnte sich so überall, wo Milch und Honig fliessen, abgespielt haben.

Lehrer Frischknecht übernimmt die Oberstufe der Dorfschule von einem jungen Kollegen, der es an dieser Stelle nur zwei Jahre geschafft hat, vor allem, weil er – allein in seiner 6-Zimmer-Wohnung – vorübergehend zwei buddhistische Mönche mit Nasenring beherbergte, die an den vorhanglosen Fenstern bei Kerzenlicht zu meditieren pflegten.

Lehrer Frischknecht kauft von Anfang an das Brot in der einzigen Bäckerei des Dorfes, bei Freis. Freis verkaufen auch immer Gemüse und Früchte der Dorfbauern. Haus und Geschäft aber gehören nicht ihnen selbst. Frau Frei lobt fast bei jedem Einkauf Frischknechts Unterricht, bedankt sich bei ihm für die schönen Werkarbeiten. Frischknecht hat auch allen Grund, Freis Kinder zu loben: sie sind willig, freundlich, hilfsbereit. Frischknecht fällt auf, dass Frau Frei die einzige im Dorf ist, die auch seinen Vorgänger lobt.

Zwei Jahre nach Amtsantritt kommt auch Freis Jüngster, Konrad, in Frischknechts Klasse. Er sollte, wie die meisten seiner Klasse, ein Jahr später in die Sekundarschule. Schule ist aber nicht Konrads grösstes Anliegen.

Frischknecht findet, Konrad sei weder von der Leistung noch von der Arbeitshaltung her ein Sekundarschüler. Er teilt dies so den Eltern mit. Trotzdem muss Konrad auf Anordnung der Eltern an zwei Nachmittagen pro Woche den Prüfungsvorbereitungskurs im Nachbardorf besuchen.

Konrad besteht, was zu erwarten war, die Prüfung deutlich nicht.

Im folgenden Jahr besucht Konrad noch einmal den Vorbereitungskurs, macht aber regelmässig keine Hausaufgaben für den Kurs und hat dort entsprechend vernichtende Noten. Der vorbereitende Lehrer rät vom weiteren Besuch des Kurses ab. Konrad sitzt aber weiterhin im Kurs. In Frischknechts Unterricht arbeitet er ordentlich.

Auch im zweiten Anlauf besteht Konrad die Aufnahmeprüfung nicht. Die Eltern reden von Privatschule.

Nach den Ferien sitzt Konrad immer noch in Frischknechts Klasse. Frischknecht ist überzeugt, dass Konrad da am richtigen Ort ist. Konrad arbeitet gut mit. Dies teilt der Lehrer Konrads Eltern so mit.

Funkstille.

Frischknecht lässt sich für ein Jahr beurlauben. Frau Frei lässt verlauten, falls Frischknecht zurückkomme, werde man Konrad in eine Privatschule schicken.

Frischknecht kommt, wie nicht anders geplant, an die Schule zurück. Konrad ist immer noch in der Klasse, ein origineller Denker jetzt, mit Lederjacke, Sicherheitsnadel im Rücken, umgürtet mit Eisenkette. Frischknecht bringt er ab und zu eigene Gedichte, die er zu Hause freiwillig geschrieben hat, zum Lesen und Beurteilen.

Im Wintersemester beackert die Klasse die europäische Geschichte des 20. Jahrhunderts.
Am «Tag der offenen Tür» – Frau Frei sitzt zwischen andern Besuchern hinten im Schulzimmer – bespricht Frischknecht mit der Klasse die Praktiken der NSDAP in Hitlerdeutschland. Frischknecht lässt die Schüler noch einmal die Feindbilder aufzählen: Juden, Zigeuner, Kommunisten, Behinderte. Der Lehrer notiert an der Tafel. Beim Wort «Kommunisten» keift Frau Frei dazwischen: «Bisch ja säuber eine!» Frischknecht überhört es, obwohl Frau Frei nun pausenlos weiter stört.
Nach dem Unterricht orientiert er den Schulpräsidenten. Präsident Haller, ein Bauer des Dorfes, zitiert Herrn und Frau Frei zu einer Aussprache ins Schulhaus.
Kurz vor dem angesetzten Termin lassen Freis mitteilen, es sei ihnen nicht möglich zu kommen.

Am folgenden Morgen bringt Hallers Tochter drei Kisten frisch gepflückte Tomaten, die Freis bestellt haben, in die Bäckerei. Kurz darauf kommt das Mädchen verstört zurück. Herr Frei habe nur kurz in die Kisten geschaut und hässig erklärt, da seien ja mehr als die Hälfte faul; die könne sie gleich wieder alle mitnehmen und den Schweinen verfüttern.

Als Frischknecht dies erfährt, alarmiert er den Schulinspektor.

Der Inspektor bespricht sich mit der Schulkommission, diktiert der Sekretärin einen Brief an Familie Frei. Der Brief soll eingeschrieben zugestellt werden.

In der Folge legt die Sekretärin – mit Frischknechts Unterricht übrigens ganz einverstanden – ihr Amt sofort nieder, aus Angst vor Frau Frei.

Man bittet Lehrer Frischknecht, das Amt des Schulsekretärs zu übernehmen. Den Brief an Familie Frei allerdings schreibt der Gemeindeschreiber.

Lehrer Frischknecht ist auch musikalischer Leiter der Trachtengruppe des Dorfes. Frau Frei ist auch dabei. Nach der Singprobe bittet sie Frischknecht für einen Moment ins Besprechungszimmer. Dort teilt sie ihm mit, es müsse sich um ein grosses Missverständnis handeln, sie werde nämlich beschuldigt, den Unterricht gestört zu haben. Doch davon wisse sie nichts. Sie sehe daher keinen Anlass, mit ihrem Mann zu einer Aussprache zu erscheinen.
Frischknecht: Wenn das so sei, habe es wirklich keinen Sinn.

Ab sofort erscheint Frau Frei nicht mehr zu den Sing-

und Tanzproben. Auf Anfrage teilt sie mit, sie sei ausgetreten.

Bis zu seinem letzten Schultag verhält sich Konrad seinem Lehrer gegenüber vollkommen korrekt, und Frischknecht ist überzeugt, dass Konrads Verhalten nicht im geringsten gespielt ist.

Drei Jahre nach Konrads Schulaustritt lässt der Besitzer von Freis Haus an die Bäckerei eine zweite Wohnung anbauen, für Famile Graber.
Frau Frei lässt verlauten: Wenn Familie Graber hier einzieht, ziehen wir aus.

Als Familie Graber einzieht, zieht Familie Frei nicht aus. Bald schon sind Grabers und Freis in engster Freundschaft verbunden.

Herr Graber ist mittlerweile Mitglied der Schulkommission. Als die Kommission die 4. Klasse neu der Oberschule zuteilt (wie schon einige Jahre früher auch), wehrt sich Herr Graber mit seltsamen Begründungen gegen diesen Entscheid. Grund: Grabers Sohn Martin ist in dieser 4. Klasse.

Gegen Ende des Schuljahres erklärt Herr Graber an einer Schulkommissions-Sitzung, es sei enorm, was sein Martin in diesem Jahr für Rückschritte gemacht habe.

Lehrer Frischknecht ist anderer Meinung. Er belegt die Fortschritte. Umsonst.
Herr Graber hat ja bereits seit mehr als einem Jahr gewusst, dass sein Sohn in Frischknechts Klasse nichts lernen werde.

Verschiedenes liesse sich aus dieser Geschichte lernen:
- Viele Eltern haben eine unerschöpfliche Gabe, in ihren Kindern das zu sehen, was sie niemals sein können. Zehn wunderschöne Talente hat das Kind, bloss das elfte nicht; und die Eltern starren in das Loch mit der Nummer elf. Von den zehn wunderschönen Gaben kein Wort, die sind nicht der Rede wert.
- Die Augen hat es von Mutti, das Kinn von Papi, und es lacht wie Onkel Peter, und es geht genau wie Cousine Sandra. So geht das bei allen Kindern. Wer die Eltern kennt, kennt auch die Kinder. Doch seltsam: die Begabung in Mathematik haben alle von Albert Einstein und schreiben können sie alle wie Adolf Muschg. Und wenn es nicht so ist, ist die Schule, der Lehrer schuld.
Nun ja, das wissen alle Lehrer, die Kinder auf Prüfungen vorbereiten sollen. Allen geht es gleich. Und doch ist dies ein schwacher Trost und braucht in jedem Falle sinnlos, wirklich sinnlos, unendlich viel Kraft.
- Wäre es doch solchen Eltern in einem lichten Augenblicke möglich, ihre Vorurteile, die sie blind machen, abzulegen und zu sehen, wie sehr sie ihren eigenen Kindern schaden. Könnten sie doch erkennen, welche Herkulesarbeit ihre Kinder verrichten, wenn sie in einem Unterricht, an dem nach der Meinung ihrer Eltern kein guter Faden ist, trotz allem Gutes und Schönes leisten.
Wie müssten sie sich eigentlich schämen, nicht vor dem Lehrer, nein, vor ihren eigenen Kindern.
Wie vieles wäre diesen Kindern abgenommen, wie viel schöner und leichter wäre ihnen die Arbeit in der Schule, ohne den unbegründbaren Widerstand ihrer Eltern!
- Und ja, das Böse ist allemal stärker als das Gute. Oder doch nicht?

Die Schulkommission

In jedem grösseren Ort gibt es eine Feuerwehr. Das Organisatorische der Feuerwehr besorgt die Feuerwehrkommission.
In jedem grösseren Ort gibt es auch eine Schule. Das Organisatorische der Schule (Klasseneinteilung, Ferienplan usw.) besorgt die Schulkommission. In der Feuerwehrkommission sitzen nur Leute, die Kurse besucht haben; einen Rohrführerkurs, dann einen Geräteführerkurs oder zwei, Spezialkurse der eine oder andere; denn wer anordnen und organisieren will, muss die Sache von Grund auf gelernt haben und jederzeit beherrschen.
In der Schulkommission sitzen Leute, die der richtigen Partei angehören. Da man in Schulfragen immer verschiedener Meinung sein kann, ist die richtige Meinung die Meinung der stärksten Partei. So will es die demokratische Ordnung. Wenn schon ist es also besser, man ist in keiner Partei statt in der falschen. So können alle noch hoffen, der Parteilose vertrete in Schulfragen die richtige Meinung der richtigen Partei.

Die Mitglieder der Feuerwehrkommission müssen nicht nur organisieren können, sie müssen in einem Brandfall auch richtig handeln können.
Die Mitglieder der Schulkommission müssen nur organisieren und beaufsichtigen können. Das Handeln im «Brandfall» ist Sache der Lehrerinnen und Lehrer. Läuft in der Schule etwas schief, sind also die Lehrer schuld, doppelt schuld. Sie tragen die Verantwortung
a) für das Schiefgelaufene selbst
und
b) für die mangelnde Aufmerksamkeit und Strenge, denn in der Regel wird man feststellen können, dass,

was geschehen ist, vermeidbar gewesen wäre, wenn sich die betreffende Lehrperson an die Anordnungen der Schulkommission gehalten hätte, wenn sie darauf geachtet hätte, dass sich die Kinder an die Hausordnung halten.

Die Frage, ob die Hausordnung und all die weiteren Verordnungen kindgerecht sind, ob sie auch wirklich der sich stets wandelnden Lehrer-Schüler-Beziehung entsprechen, ob sie die neuen Arbeitsformen im Unterricht ermöglichen oder als Fremdkörper behindern, geht meist schon über das hinaus, was Mitglieder der Schulkommission bereit (oder fähig?) sind zu diskutieren. Als einzige Krücke dienen ihnen dann die eigenen Schulerfahrungen, die in der Regel Jahrzehnte zurückliegen, und jeder weiss doch, dass in dieser Zeit so vieles anders geworden ist, auch und gerade in der Schule; aber wie anders eigentlich? Warum? Weshalb? Und wie begegnet man diesem ganz anderen?

Die grosse Hilflosigkeit der Schulkommission äussert sich wohl am deutlichsten, wenn es darum geht, eine Lehrerin, einen Lehrer zu wählen.
Bereits die Vorauswahl anhand der schriftlichen Bewerbungen wird so zur reinen Lotterie.
Ein Kommissionspräsident erklärt: Ich habe von den über sechzig Bewerbungen keine einzige gelesen, absichtlich nicht. Ich habe einfach die drei herausgesucht, die am schönsten geschrieben sind. Diese drei kamen in die engere Wahl.
Anderswo kannte ein Mitglied der Schulkommission zufällig einen als Referenz angegebenen Landwirt im Ruhestand. Dieser erklärte auf Anfrage, er habe die frisch Patentierte zwar schon Jahre nicht mehr gesehen, aber es sei ein «ganz flottes Meitschi».

Damit fielen alle übrigen Bewerberinnen und Bewerber ausser Betracht. Das flotte Meitschi war gewählt.
Wieder woanders steht in einer Bewerbung, der Bewerber habe sich im Pflichtwahlfach mit dem Thema «Rassismus» befasst. Er scheidet dadurch sofort aus; einen Rassisten, so die Begründung, werde man sicher nicht anstellen.
Und noch etwas weiter nebenaus stellt man am ersten Schultag – die Kinder sitzen schon in der Schule an ihren Pulten – fest, dass man «gopferdeli» vergessen habe, für einen Lehrer zu schauen.

Doch folgen wir nur jenen Fällen, wo man noch rechtzeitig daran gedacht hat, «für einen Lehrer zu schauen». Da wird nun eingeladen zum Bewerbungsgespräch. Vielerorts ist es zwar mehr ein Bewerbungs-*monolog*.
Was sich dabei abspielt, ähnelt eher einer Viehschau. Man steht um die Ware herum, schätzt ab, schätzt ein. «Mir wei se gseh.»
Also erteilt man gleich der Bewerberin das Wort. Nach zweistündiger Anreise erzählt sie deshalb noch einmal, was so eigentlich auch in der Bewerbung steht. Dann will einer noch wissen, ob sie eigentlich verheiratet sei. Dann darf sie schon wieder gehen, auf eine zweistündige Heimreise. «Mir hei se gseh. Mir hei se ghört.»

Andernorts werden doch mehr Fragen gestellt; man will schliesslich richtig auslesen, man will jemanden, der seine Arbeit recht macht, jemanden ohne auffällige Extras, jemanden, der den Eltern keinen Anlass zu Reklamationen gibt, denn schliesslich hat man auch als Mitglied der Schulkommission Gescheiteres zu tun, als dauernd «um die Schule zu stürmen».

Man fragt:
Wir haben gehört, dass an den Berner Mittelschulen gestreikt wurde, weil die Polizei das Zaffaraya geräumt hat. Haben Sie da auch mitgestreikt?

Man fragt nicht:
Sie werden auch Erstklässler zu unterrichten haben. Welche Lese-Methode werden Sie anwenden? Warum gerade diese?

Man fragt:
Ihr Vorgänger hat zum ganzen Umschwung geschaut, zu Turnanlage, Rasen, Pausenplatz und den Rabatten. Würden Sie das auch wieder übernehmen?

Man fragt nicht:
Erzählen Sie den Kindern gerne Geschichten? Welche Bedeutung hat das Geschichtenerzählen in Ihrem Unterricht?

Man fragt:
Es steht ja eine grosse Wohnung zur Verfügung. Wir haben mal einen gehabt, der hat da plötzlich so strubi Cheibe einquartiert. Würden Sie da allein wohnen?

Man fragt nicht:
In jeder Klasse gibt es Schwache und es gibt Schwierige. Welche machen Ihnen mehr Mühe?

Man fragt:
Wären Sie auch bereit, den Männerchor des Dorfes zu dirigieren?

Man fragt nicht:
Wie verhalten Sie sich, wie reagieren Sie, wenn ein Schüler das Heft seines Nachbarn verschmiert hat?

Man fragt:
Wie sieht es mit Ihrer militärischen Karriere aus?

Man fragt nicht:
Was halten Sie von Noten? Wie gehen Sie mit Noten, mit der Notengebung um?

Bewerberinnen und Bewerber, die, nachdem sie Ort, Schulhaus und Kommission gesehen haben, die Stelle sicher nicht wollen, müssen, wenn nötig abweichend von ihrer tatsächlichen Meinung, die gestellten Fragen etwa so beantworten:
– Ja, ich habe mitgestreikt; ich habe sogar selber ein Flugblatt geschrieben.
– Den Umschwung pflegen? Warum nicht. Aber seit ich von einem Kollegen, der auch den ganzen Umschwung des Schulhauses besorgt, erfahren habe, dass nie jemand daran denkt, danke zu sagen, man aber von Sauordnung redet, wenn der Ball und das Dreirad seiner Tochter über Nacht auf dem Pausenplatz bleiben, habe ich, ehrlich gesagt, nicht grosse Lust.
– Die Wohnung ist tatsächlich sehr gross. Ich werde wahrscheinlich für einige Zeit einen strafentlassenen Bekannten bei mir aufnehmen.
– Ich habe grosse Mühe mit Männerchören, ich mag sie nicht. Zudem bin ich recht unmusikalisch.
– Von Karriere kann man in meinem Fall sicher nicht reden; ich habe mir nämlich nach der RS überlegt, den Dienst zu verweigern.

Es braucht in unserem Land und erst recht in der Lehrerrolle unheimlich wenig, um aus dem Rahmen zu fallen. Deshalb ist die landesübliche Pädagogik so trist; deshalb ist die Schule nicht das, was sie sein könnte.

Und weshalb werden die andern Fragen nicht gestellt?

Weil es, um solche Fragen stellen zu können, eine Sachkompetenz braucht, die man nicht einfach mit dem richtigen Parteibuch geschenkt bekommt; die ein jeder sich erarbeiten muss, indem er sich auseinandersetzt mit den Themen Schule und Erziehung, indem er liest, hört, beobachtet und diskutiert. Denn, wie schon einmal gesagt, die Schule, die die Mitglieder der Schulkommission besucht haben, ist nicht mehr die Schule, die sie jetzt zu betreuen haben. Wer als Mitglied einer Schulkommission nur dieses Rüstzeug mitbringt, stoppt und verhindert jeden sinnvollen Fortschritt der Schule. Wer mit einem KV-Lehrmittel von 1940 sich in einer heutigen Verwaltung zurechtfinden will, findet ausser den Bürostühlen vielleicht keinen noch gültigen Anhaltspunkt mehr.

Wer in der Feuerwehr ein Strahlrohr zur Hand nehmen will, muss zuerst den entsprechenden Kurs besucht haben. Das ist recht so.

In Sachen Schule gilt jeder ganz selbstverständlich als kompetent, bloss weil er selber mindestens neun Jahre zur Schule gegangen ist. Das ist etwa gleich ungeheuer, wie wenn ich als Passagier behaupten würde, die Arbeit eines Linienpiloten beurteilen zu können, weil ich nun doch schon jahrelang in der ganzen Welt herumgeflogen sei.

Diese irrige Meinung verhindert jede vernünftige Weiterentwicklung des Unterrichts.

Ein Beispiel:

Ab und zu schnappt eine Kommission doch wenigstens einen Begriff aus der aktuellen pädagogischen Diskussion auf. In unserem Fall den Begriff «Werkstattunterricht».

Wie es nun darum geht, eine neue Lehrerin zu wählen, fragt man alle eingeladenen Bewerberinnen, was sie vom Werkstattunterricht halten. Alle Kandidatinnen, die sich überzeugt und begeistert für den Werkstattunterricht aussprechen, scheiden damit aus dem Rennen aus.

Sitzen in den Schulkommissionen lauter kleinliche Stänkerer?
Sind die Lehrerinnen und Lehrer ein eingebildetes Pack, das nicht mit sich reden lässt?
Landauf, landab klagen so viele über das miserable Verhältnis zwischen Lehrerschaft und Schulkommission: die Kommission beklagt sich über die Arroganz der Lehrer; die Lehrerschaft beklagt sich über die misstrauische und aggressive Kommission.
Die Mitglieder der Schulkommission fühlen sich als Prellbock zwischen reklamierenden Eltern und unnachgiebigen Lehrern. Ein Schulpräsident klagt: Ich bin der Zaunpfahl der Gemeinde; von jeder Seite pisst man mich an.
Die Lehrerinnen und Lehrer fühlen sich als Prellbock zwischen den Kindern mit ihren selbstverständlichen Ansprüchen und der chronisch stänkernden Kommission, die sie als zusätzliche Last empfinden statt als Hilfe.

Da hilft letztlich nur eines für Lehrerschaft und Kommission: Sicherheit und Fachkompetenz; Sicherheit durch Fachkompetenz.
Die «Beratungsstelle Zusammenarbeit in der Schule» des Pestalozzianums bietet im Kanton Zürich seit 1977 freiwillige Kurse für Schulpfleger (Mitglieder der Schulkommission) an. Die Kurse sind regelmässig ausgebucht. Das Angebot vermag der Nachfrage kaum gerecht zu werden. Ich bin überzeugt, dass überall, nicht nur im Kanton Zürich, das Bedürfnis nach einem minimalen Rüstzeug für die Arbeit in einer Schulkommission ebenso gross ist.
Wir brauchen nicht nur die Lehrerfortbildung. Wir

brauchen ebenso dringend die Bildung und Fortbildung der Schulkommission. Jeder Kanton sollte mit einem breiten Kursangebot den Schulkommissionen zu Hilfe kommen. Was nützen sonst die wunderbaren Leitideen der Lehrpläne, wenn Kommissionen Angst haben vor allem, was irgendwie anders ist im Unterricht. Was nützt die Pionierarbeit vieler Lehrerinnen und Lehrer für eine lebendigere, kindgerechte Schule, wenn eben diese Mutmacher durch die Schulkommissionen zurückgepfiffen werden, bloss weil diese Kommissionen es nicht besser wissen.

Was nützen alle lobenden und empfehlenden Worte von Schulinspektoren und andern Fachleuten der Pädagogik, wenn sich Lehrer durch Pionierarbeit bei einem Stellenwechsel faktisch ein Berufsverbot einhandeln, weil man sie nicht mehr wählt; weil man, wählt man unbeschriebene Blätter, im Konfliktfall die Hände in Unschuld waschen kann.

Welcher andere Berufszweig unserer Gesellschaft könnte sich eigentlich als Aufsichtsbehörde eine praktisch ausschliesslich durch Laien besetzte Kommission leisten, ohne innert kürzester Zeit fachlich bankrott zu gehen?!

Ja freilich, den Theologen ergeht es ganz ähnlich, doch ich frage mich auch da, wohin unsere Kirche steuert, seit der Mann von der Strasse dermassen Einfluss hat zu bestimmen, was theologisch verantwortbar ist und was nicht: Nächstenliebe ja, aber bitte sehr nur so lange, als sie Herrn Biedermann nicht auf den Wecker geht. Dabei war und ist Christentum doch immer anstössig. Und nun mehr und mehr die Losung: wer hätt's gerne noch ein wenig harmloser?

Die Alternative zur Laienkommission, scheint mir, ist nicht die reine Fachkommission.
Ein, zwei Fachleute in jeder Kommission, die andern

Laien, die sich verpflichten, Kurse zu besuchen, wie dies ja auch bei der Feuerwehr üblich ist.
Man muss doch reden miteinander.
Immer wieder der gleiche Vorschlag zur Güte.
Ja, reden miteinander; aber das ist erst möglich, wenn beide Seiten die gleiche Sprache sprechen, wenn beide Seiten genügend wissen über den Gegenstand des Gesprächs, in unserem Fall über Schule und Unterricht.
So kann ich zwar auch mit einem Piloten reden; über das Wetter, das politische Ereignis von gestern und den neusten Film von Alain Tanner, falls wir ihn beide schon gesehen haben, aber kaum über seine Arbeit im Cockpit. Ich weiss nichts davon, ich verstehe nichts davon. Er müsste mir vorerst sehr viel erzählen, erklären.
Genau so ergeht es doch den meisten Mitgliedern einer Schulkommission, wenn sie mit Lehrern über ihr Fachgebiet diskutieren sollten.
Es genügt eben nicht, ein Amt zu haben; man muss es auch füllen, durch geistige Arbeit.

Mit Schwierigkeiten rechnen

Poetische Rede, gehalten am Zentralamerika-Fest, November 1985, in Bern.

Morgen kommen sie wieder zusammen
meine Kolleginnen und Kollegen
zur ordentlichen Jahresversammlung des Lehrervereins.
Ordentlich, ja.
Protokoll
Jahresrechnung
unser Berufsstand – unser Lohn
und Verschiedenes.
Wir sind uns doch einig. Ja natürlich.
Wer kommt und rasch einverstanden ist,
hält die Demokratie in Ehren.
Alles andere ist bloss Zeitverschwendung.
Trockene Zungen und kleine Gesichter.
Die Mahner bleiben resigniert zu Hause.
Das Vereinsdasein von Protokoll zu Protokoll.
Verlesen und genehmigt.
Wüsten, echolos.
Aber dann tauschen sie Bastelideen aus,
Geschenkideen für Weihnacht.
Mein Vorschlag wäre: Hampelmänner, heitere Lehrer
mit Wattebäuschen in den Ohren.
«Alljährlich das fieberhafte Suchen nach Geschenkideen»,
steht auf der Einladung,
«Bringt einfache Bastelarbeiten mit,
damit wir diesem Stress ein Ende bereiten können.»

In El Salvador, lese ich, hätten die organisierten Leh-

rer schon in den Streiks von 1967/68 erkannt, dass andere Bevölkerungskreise noch unter miserableren Bedingungen lebten als sie selber und dass der wahre Grund all dieses Elends dieselbe Ausbeutung sei.
– Elend, Streik, Ausbeutung.
Und was haben wir Schweizer Lehrer erkannt?
«Bringt einfache Bastelarbeiten mit.»
Der aufgeschlossene Schulinspektor sagt,
dass ein Lehrer, der in der Nähe eines Atomkraftwerks
unterrichtet, es sich nicht leisten kann, gegen AKWs zu sein,
sonst müsse er eben mit Schwierigkeiten rechnen.
Auch Lehrer, die in der Staatskunde
über die Armee diskutieren lassen,
müssen mit Schwierigkeiten rechnen.
Auch Lehrer, die Unternehmer kritisieren,
müssen mit Schwierigkeiten rechnen.
Auch Lehrer, die über die USA so berichten,
wie man nur über die UdSSR berichten soll,
müssen mit Schwierigkeiten rechnen.
Auch Lehrer, die...
Wir.
Die älteste Demokratie der Welt.
Wer zahlt, befiehlt.
Jeder Schweizer kann Bankier werden.
Doch freiwillig auf die eigenen Rechte verzichten,
gilt als vernünftig.
Und überhaupt:
Der Arbeitgeber hat immer recht.
Wenn jeder mitreden will, gibt's nur ein Durcheinander.

In El Salvador, lese ich, seien Lehrer und Studenten von der Repression stark betroffen. Neben Arbeitern und Bauern finde man unter den Ermordeten und

Verschwundenen in erster Linie Lehrer und Studenten.

Auch bei uns verschwinden viele Lehrer.
Sie verschwinden, um kein Aufsehen zu erregen,
in sich selber.
Wo gestern noch ein Lehrer stand,
steht heute ein Beamter,
eine täuschend ähnliche Erscheinung.
«Bringt einfache Bastelarbeiten mit».
Stehaufmännchen
rote Teufelchen
schwarze Lämmer

Ein Traum.
Ich komme in mein Klassenzimmer.
Die Schüler stehen an ihren Plätzen stramm.
Auf meinem Pult liegt ein Paar schwarze Lederhandschuhe.

«. . . damit wir diesem Stress ein Ende bereiten können.»

Wie doch so vieles in unserem Lande
unwidersprochen bleibt, aus Höflichkeit.
Herr Biedermann als Mass aller Dinge.
Feigheit als Tugend.
Denn ja: das Widersprechen will früh geübt sein.
Doch Lehrer, die ihre Schüler das Widersprechen lehren,
müssen mit Schwierigkeiten rechnen.

Wir lesen von den Grausamkeiten
in Guatemala, Chile, El Salvador.
Wir verabscheuen Grausamkeit.
Und unsere Grausamkeiten?

Im Solothurnischen lässt ein Oberlehrer
unordentliche Schüler zur Disziplinierung
sein Sturmgewehr zerlegen und wieder montieren;
anschliessend zehn Minuten Zielübungen.
Das Ziel: das bronzene Mädchen auf dem Schulhausbrunnen.
Ein anderer, im Berner Oberland, versetzt seine Schüler
zur Strafe
stundenweise in die Hilfsklasse.
Der Lehrer der Hilfsklasse gehorcht.
Im Berner Amthaus wird ab und zu
ein Untersuchungshäftling zusammengeschlagen.
Aber solches liest man in unseren Zeitungen nicht,
denn wir sind ein freundliches Volk
und im Grunde haben wir es doch so gemütlich.
Für den Fall aber, dass es doch einmal losgehen sollte,
sind wir vorbereitet:
rauswerfen
durchgreifen
an die Wand stellen
abstellen
fertigmachen
Die Zukunft der Totengräber.

Wir sind ein Land der Dienstleistungen:
unsere Worte sind unsere Taten.
Daher achte ich auf die Sprache meiner Schüler.
«Unser Jugoslawe», schreibt eine Schülerin,
und ich korrigiere:
«Der Jugoslawe, der bei uns arbeitet.»
Möglich wäre auch: «Der Jugoslawe, der
für uns arbeitet.»
Doch Lehrer, die so korrigieren,
müssen mit Schwierigkeiten rechnen.

Unser kleiner Sohn rennt auf die Strasse,
wenn er einen Armeecamion oder Panzer hört,
und schreit: Biscuit, Biscuit!
Nachts schreckt er aus dem Schlaf auf
und weint.
Die Militäter haben auf mich geschossen,
erklärt er am Morgen. – Die Militäter!

Ich lese, wie das Militär in Guatemala Dörfer der Indios überfällt, in die Hütten eindringt und das Wenige, das darin ist, mit den Gewehrkolben zerschmettert, zerfetzt: bauchige Tonkrüge, den kleinen Herd, die Kleider unter dem Dach.

«Bringt einfache Bastelarbeiten mit.»
Wie wäre es mit etwas aus Lehm,
einem Aschenbecher, einem Kerzenständer,
einem Krüglein vielleicht?
Womit beschenkt man ein Volk, das schon alles hat,
viel mehr als genug?
Unser Land ist so hoffnungslos fertig.
Was unsere Vorfahren angestrichen haben,
laugen wir ab.
Unsere Nachkommen, nehme ich an,
werden wieder anstreichen.
Für grössere Ideen fehlt der Raum.
Auch die Träume sind schwer vom Plunder.
Wer Erfinder werden wollte, schreibt jetzt
üble Science-fiction-Romane.
Jetzt, da wir herumstehen
mit unsern sauber geflickten Zähnen,
da wir die letzten Steine aus dem Garten getragen haben,
das Dach isoliert,
die Heizung auf Holz umgestellt,
bleibt uns nur noch das Zerstören:

den Garten asphaltieren,
Feldwege begradigen,
immer grösser, immer schneller,
die tägliche Frontalkollision.
Den Sand aus dem Sandkasten der Kinder
füllen wir in Säcke ab, für den Fall,
dass es doch einmal losgehen sollte.
Sobald die Kinder ausgezogen sind,
brechen die Eltern die Wand zwischen
Wohnstube und Schlafzimmer heraus
und kaufen sich eine wuchtige Polstergruppe.
Das sind so etwa unsere Veränderungen, unsere Vorkehren.
Vom Schönsten bleiben die Namen zurück:
Bern-Forsthaus, Kleefeld, Stadtbach, Neufeld.
Im Anfang war das Wort.
Am Ende auch.

Vielleicht singen sie auch ein Lied:
«Wer hat dich, du schöner Wald,
aufgebaut so hoch da droben . . .»
Wenn Lehrer singen, tönt es schneidig und laut.
Ein Chor von Vorsängern.

Wörter.
Baustein, Fossil.

Wörter.
Wo ist ihre Kraft, die Welten schuf?

Während ich hier sitze,
schreibend an diesem Text,
rennen in Guatemala wehrlose Menschen,
Frauen und Kinder,
vor den wenigen Pilatus-Flugzeugen,
aus denen man mit Maschinengewehren

auf sie schiesst,
davon, hinaus in die Felder,
leichte Ziele in ihren farbenprächtigen Kleidern.
Doch was bleibt mir hier anderes übrig
als die Empörung,
als das Eingeständnis meiner Mitschuld,
als meine Wörter.

Nein, liebe Kollegen, ich mute euch
meine Sorgen nicht zu.
Tauscht eure Bastelideen aus und bastelt,
denn Kinder basteln gerne.
Aber wenn einmal alle beschäftigt sind
mit Messen, mit Schneiden und Kleben,
denkt vielleicht,
bevor ihr von Pult zu Pult geht
und feststellt, dass die Hälfte der Klasse
trotz eurer Erklärung den Leim doch
auf die falsche Seite des Blattes gestrichen hat,
denkt ganz kurz daran,
dass es Länder gibt, in denen viele Lehrer
eingesehen haben, dass es nicht nur darum geht,
selber genug, mehr, noch mehr zu verdienen,
für noch mehr Bequemlichkeit,
für noch mehr Sicherheit
zwischen Surfbrett und Eigenheim,
zwischen Ratssessel und Gartengrill;
dass es Länder gibt, in denen Lehrer sich einsetzen
für Gerechtigkeit um den Preis ihres Lebens,
während ihr täglich euer Gewissen betäubt,
die seltenen lichten Gedanken,
kaum setzen sie zum Fluge an,
mit tausend Aber zu Boden werft,
und einzig besorgt seid um die Gunst derer,
die sie nicht verdienen,
die arrogant genug sind,

nur an sich selber zu denken.
– Und dann
erklärt noch einmal,
weshalb der Leim auf der glatten
und nicht auf der rauhen Seite des Blattes aufzutragen
sei.

Hintergründe

Vom Machen und vom Werden

Einmal schuf Gott den Menschen, dann schuf der Mensch die Maschine. Heute ist die Maschine daran, den Menschen, die Natur überhaupt abzuschaffen, mit ihr auch das Göttliche. Wie einst der Mensch sich selber genügte, so steht heute die Maschine kurz vor der Möglichkeit, sich selber weiterzudenken, sich selber zu genügen. Der Mensch fühlt sich zwar noch immer als der Eroberer und Beherrscher, doch während er herrscht, erobert das Eroberte seinen Geist, sein Denken.

Was wäre, als Beispiel nur, aus den Römern geworden, hätten sie nicht die Etrusker erobert und beherrscht? Kulturlose Krieger, an die sich heute wohl niemand mehr erinnern würde. Doch wie trockene Schwämme das Wasser, so haben die Römer als Unterdrücker das Wissen und Können der unterdrückten Etrusker aufgenommen. Genauso ergeht es uns heute: wir meinen zwar immer noch, die Maschinen- und Apparatewelt, die wir ja selber geschaffen haben, zu beherrschen, doch haben Maschinen und Apparate längst unser Denken unterwandert und unsere Überlegenheit und Unabhängigkeit ist nur noch Selbsttäuschung. Wir glaubten sauber zwischen Körper und Geist unterscheiden zu können: wir haben uns praktisch alle körperliche Anstrengung abnehmen lassen und empfinden dies als angenehm, als bequem. Aber zuviel Bequemlichkeit schadet nicht nur dem Körper, sie verdirbt auch unsern Geist, unser Empfinden und Denken. Wir meinen zwar immer noch, selber zu denken, dabei ist es die Maschine, die in uns denkt.

So wollen wir alle ökologischen Probleme, die unsere Maschinenwelt verursacht, mit noch mehr Maschinen lösen. So will man das nitrathaltige Wasser mit neu-

artigen Filteranlagen reinigen, statt einfach die Ursachen der Verunreinigung zu beheben. Filteranlagen sind zwar teuer, aber bequem, und sie heben das Bruttosozialprodukt.
Der Satan heisst Bequemlichkeit. Martin Luther feuerte ihm sein Tintenfass nach. Wohin sollen wir heute zielen und womit? Die Maschinenstürmerei hat sich bereits als untaugliches Mittel erwiesen. Den Maschinenstürmern erging es exakt wie Goethes Zauberlehrling: wo sie eine Maschine zerschlugen, standen am nächsten Tag gleich zwei neue. Eine Verweigerung ist nur noch bedingt möglich, und wo sie möglich ist, wird sie selten wahrgenommen. Wer mit eigenen Augen sehen will, was ich damit meine, braucht nur im Untergrund eines Bahnhofs, an einem der Aufgänge zur Oberwelt, und zwar dort, wo Steintreppe und Rolltreppe unmittelbar nebeneinander liegen, kurz stehenzubleiben. Während sich die Passanten auf den Rolltreppen drängen, und zwar aufwärts wie abwärts, benützen nur auffallend wenige die breite Steintreppe, und von den wenigen wahrscheinlich etliche auch nur, weil man auf der Steintreppe, was gegenüber Maschinen nur noch selten möglich ist, schneller vorankommen kann als auf der Rolltreppe. Bestimmt lassen sich viele auf der Rolltreppe ihrem Fitness-Club entgegentragen.
Das Maschinendenken hat uns geprägt, wir funktionieren wie Maschinen, wie Bestandteile einer grossen Maschine, wie Zahnräder. Ein Problem lösen wir, indem wir es in Teilprobleme zerlegen, die einzelnen Teile lösen und die Teilergebnisse zu einem Ganzen zusammensetzen. Vor uns ein Kind. Wir messen körperliche Entwicklung, Wahrnehmung, Beweglichkeit, Intelligenz, Gedächtnis, Wortschatz, Sprache usw. Dann setzen wir alle gewonnenen Daten zusammen. Haben wir damit das Kind erfasst?

Nein. Wie viele Teile wir auch zusammensetzen, das Ganze wird stets mehr sein als die erfassten Teile. Je exakter wir zergliedern, um so mehr verlieren wir das Ganze aus den Augen. Das Wesentliche eines Wesens ist durch Zergliedern nicht erfassbar.
Aber was ist das Wesentliche eines Kindes? Seine Träume? Sein Lachen? Wie aber misst man seine ganz eigene Art des Lächelns? Wie wertet man die Haltung, den Ausdruck des Kindes am Sarg der Grossmutter? Da dürfte man nicht messen, da müsste man schauen, denn das Wesentliche ereignet sich in der Begegnung. Messen lässt sich ein Zahnrad: Zähnezahl, Kraftübertragung, Oberfläche, Abnützung, Materialgüte. Der Mensch ist Faser und Gewebe zugleich im grossen Gewebe der Natur, da führt uns das Zergliedern in die Irre.
Eine Maschine lebt nicht, eine Maschine läuft und produziert. So hat uns die Maschine in uns zu Machern gemacht. Der Grundsatz des Machers heisst: *Was denkbar ist, ist auch machbar. Was machbar ist, müssen wir machen;* lassen wir auch bloss einen machbaren Schritt aus, bricht die Entwicklung überhaupt ab; das heisst, andere werden diesen Schritt machen und uns überholen.
So stehen wir heute mitten in der Kontroverse um die Gentechnologie und die Atomenergie.
Nun ja, argumentieren die Technokraten, schon immer hatten die Menschen Angst vor technischen Neuerungen und sie daher verteufelt. Als Paradebeispiel wird dann gerne das Pro und Contra um den Bau der Eisenbahnen vor rund hundert Jahren zitiert. Zum Beispiel in der Diskussion um die Atomenergie.
Wie lächerlich die Eisenbahnangst gewesen sei, sehe man heute. Immerhin haben die Bahnen unsere Eichenwälder verschwinden lassen und durch das Öffnen neuer Handelswege ein erstes Mal unsere land-

wirtschaftliche Produktion umgekrempelt. Trotzdem sind solche Vergleiche nicht statthaft, weil sie uns glauben machen wollen, dass es sich bei der Atomenergie bloss um einen weitern, stets gleichwertigen Schritt auf einem bereits langen Vormarsch der Technik zum Wohle der Menschheit handle.
Doch im Falle von Atomenergie und Genmanipulation werden wir vergeblich nach Parallelen in der Geschichte unseres Planeten suchen.

Dass einer nicht Gesetzgeber, Regent und Richter in einer Person sein dürfe, diese Forderung nach Gewaltentrennung im Staate, ist bekanntlich eine wesentliche Voraussetzung demokratischer Ordnung, ein Riegel gegen Willkür. Genauso unhaltbar ist es heute, dass das Maschinendenken über die Zukunft unserer Maschinenwelt entscheidet. Nur eine aktualisierte Form der Gewaltentrennung kann uns die Zukunft sichern. Doch mit dem Hinweis auf mangelnde Fachkompetenz versucht man jeden Kritiker, der mehr als bloss eine Facette der gesellschaftlichen Wirklichkeit ins Auge fasst, mundtot zu machen. Wir müssen endlich Fragen wie die folgende zulassen:
Das könnten wir durchaus machen; *aber dürfen wir es?*
Wer soll entscheiden, wer soll Richter sein?
Wir, wir alle, stellvertretend für alles, was ist und lebt.
Und was setzt dieses Richteramt voraus?
Eine neue Form der Kompetenz. Nicht die Zuständigkeit der Fachidioten, die umgeben von Scharen verhungernder Kinder das tausendunderste Abmagerungsmittel erfinden, sondern globale Zuständigkeit (mit allen Irrtümern, die uns auch da wieder unterlaufen werden), Brüderlichkeit, die keine Landesgrenzen kennt.

Wie komme ich als Primarlehrer, durchschnittlich belesen und durchschnittlich intelligent, dazu, mir solch weitausholende Gedanken zu machen?

Die Antwort sollte nun eigentlich gar nicht so schwer fallen: weil jeder, ob intelligent oder nicht, ob wortgewaltig oder nicht, mitverantwortlich ist, und weil gerade auch Schule und Erziehung arg leiden unter dem Maschinendenken.
Wie sollte ich als Lehrer Verantwortung übernehmen für meine Arbeit mit der Klasse, wenn ich mir nie überlegen würde, wohin wir unterwegs sind und wo wir allenfalls abschwenken wollen, zum Wohle aller.

Freilich gibt es auch unter den Lehrern viele *Macher*, viele Technokraten. Sie fallen in einer Welt der Macher und des Gemachten nicht auf, sind daher unangefochten und gelten als besonders gute Lehrer. Im Zentrum ihrer Arbeit steht der Stoff, die Stoffvermittlung. Ihr Ziel sind junge Menschen mit einem Optimum an verfügbarem Wissen, gut trainierte Prüfungshürdenläufer.
Die neue Schule wird aber vor allem *Gärtner* nötig haben, geduldige Menschen, die Vertrauen haben in die Anlagen eines jeden Kindes, in deren Vertrauen sich die Kinder selbst geborgen fühlen können. Im Zentrum ihrer Arbeit wird die Boden- und Klimaverbesserung stehen. Ihr Ziel werden junge Menschen mit starker, eigenständiger Persönlichkeit sein, die den Widerwärtigkeiten der Arbeitswelt gewachsen sein werden, solidarische Menschen, die Freiräume kreativ zu füllen vermögen und sie so der folgenden Generation erhalten oder gar erweitern.

Ganz in diesem Sinne das Gedicht von Beat Weber an Herbert, Schüler einer Kleinklasse:

Ich möchte die Geduld
eines sehr alten Gärtners haben
Wasser tragen
düngen
schneiden
Und Jahr um Jahr
auf Früchte warten

Wann haben wir richtig gelebt?
Indianische Weisheit sagt: wenn wir keine Spuren hinterlassen.
Wie weit weg sind wir doch von dieser grossartigen Sorgfalt. Werde ich 60 Jahre alt, hinterlasse ich 25 Tonnen Abfall, ich allein. Unsere Spuren sind unübersehbar, sie sind giftig und radioaktiv.
Leider sind wir sogar stolz auf unsere Spuren: am meisten zerstören wir nämlich, wo wir zu verbessern glauben, in den sogenannten Meliorationen und Korrektionen.
Solange wir davon überzeugt sind, die Natur verbessern zu müssen, haben wir das Not-wendige nicht begriffen. Schule, die dieses Wissen nicht vermittelt, ist umsonst.

Arbeiten ist schön, ich könnte stundenlang zusehn

Unser materialistisches Denken richtet sich selber hin, weil es von einem verheerenden Verständnis der Arbeit ausgeht: *Arbeit ist ein Übel*

Arbeit ist ein Übel,
- daher muss die Arbeitszeit immer kürzer werden, die Freizeit zum Trost ausgedehnt;
- daher muss die Arbeit wo immer möglich erleichtert, im besten Falle wegrationalisiert werden;
- daher muss die Arbeit, im Sinne eines Schmerzensgeldes, möglichst gut bezahlt werden.

Und in der Schule?

Die Arbeit ist ein Übel

Grundsätzlich will der Schüler nicht lernen, denn einem Übel weicht ein gesunder Mensch naturgemäss aus. Daher muss der Lehrer den Schüler zum Lernen überlisten (Interesse wecken für den zu bietenden Stoff, heisst das im Methodikunterricht der Seminarien) und kraft seines Amtes Druck ausüben mit klaren Forderungen, mit Proben, mit Noten, mit Strafen, mit vermehrten Hausaufgaben, mit Klagen an Eltern und Behörden, mit der dauernden Drohung, der faule Schüler werde dereinst den Anforderungen der Arbeitswelt nicht gewachsen sein. Wären da weder Überlistung noch Druck, würde der Schüler nichts lernen, denn Lernen ist Arbeit und Arbeit ist ein Übel.

Kurze Arbeitszeit, grosse Freizeit

Die Schule ist, wie jeder industrielle Betrieb auch, ein Betrieb mit exakt festgesetzter Arbeitszeit. Wer als Schüler viel zu früh erscheint oder das Schulhaus zu spät verlässt, gerät ebenso in Schwierigkeiten wie jener, der auch nur eine Minute zu spät kommt. In der Fabrik wird er rot stempeln und damit einen Lohnabzug buchen.
Die scharfe Trennung von Arbeitszeit und Freizeit legt dem Schüler nahe, sich in der Freizeit nicht freiwillig mit Schulischem zu beschäftigen. In der Freizeit arbeitet man nicht, man wäre ja blöde. Daher ist Freizeit so wichtig, aber auch so langweilig. Dauernd wird noch mehr Freizeit gefordert, obwohl die meisten schon jetzt die grösste Mühe haben, mit der vielen Zeit etwas Sinnvolles, Befriedigendes anzufangen. So fordert man da und dort, dass endlich auch die Schule die 5-Tage-Woche einführe, damit die Familie sich schon am Freitagabend ins Auto setzen und verreisen kann, viel weiter nun, da es sich jetzt erst richtig lohnt; hinaus in die Natur, wo es, abgesehen vom eigenen, fast keine Autos gibt, keinen Lärm.
Ich weiss, dass es eigentlich sinnlos ist, gegen die 5-Tage-Woche in der Schule zu reden. Wo sie nicht ohnehin schon eingerichtet ist, wird sie bald kommen.
Falsch ist diese Entwicklung trotzdem.
Gelänge es uns, Schule und Lernen aus der starren Institution ins Leben zurückzuführen, gäbe es kein Verlangen mehr, frei vom Lernen zu kommen. Wären Leben und Lernen – wie in den ersten fünf Lebensjahren – dasselbe, gäbe es weder Arbeitszeit, noch Freizeit, noch Ferien.
Welchem Kleinkind käme es denn in den Sinn, Ferien vom Leben zu verlangen.
Die Wirklichkeit sieht anders aus. Dann halt auch in

der Schule möglichst kurze Arbeitszeit. Und doch nehmen die Aufträge, die der Schulbetrieb übernimmt, dauernd zu. Das zwingt den Abteilungsleiter Pauker dazu, Arbeitsabläufe zu rationalisieren und Aufträge zum Teil in Heimarbeit – man nennt sie hier Hausaufgaben – zu geben.

Arbeit erleichtern, rationalisieren

Zielvorstellung, Utopie dieser Entwicklung: *es* arbeitet für uns und wir geniessen das arbeitsfreie, paradiesische Dasein.
Auch die Schule macht mit. Unwahrscheinlich, wieviel Kraft und Milliarden investiert werden in die Illusion, das Lernen zu rationalisieren: immer schneller – immer reibungsloser – immer besser – immer mehr lernen. Auch ein Schulbetrieb ohne Zuwachsrate ist ein Krisenbetrieb. An der Didacta in Basel feiern die Hexer dieser Branche alljährlich ihre Walpurgisnacht: Berge von Lehrmitteln und Unterrichtstechnologie im Sektor Elektronik, die logisch und klar strukturiert und überaus anschaulich Wirklichkeit zusammenfassen, damit effizient und zeitsparend gelernt werden kann, um noch mehr Zeit für noch mehr Stoff zu haben.
Doch es gibt im menschlichen Leben Vorgänge, die sich nicht rationalisieren, beschleunigen lassen; ja noch mehr: die sich nicht ohne grosse Verluste rationalisieren lassen. Zum Beispiel das Lernen. Der absolute Glaube an das Machbare drängt Lehrmittel und Lerntechnologie in den Vordergrund. Viele können deshalb nicht mehr darüber hinaussehen und erkennen, dass die verlockenden Lehrmittel nur ein Faktor unter vielen sind und erst noch bei weitem nicht der bedeutendste.
«Je besser ich eine Lektion vorbereitet habe», klagt ein

engagierter und fleissiger Kollege, «um so wirkungsloser surrt sie ab.» Eine indirekte Aufforderung zum Schlendrian also? Sicher nicht. Doch eben, wo mit Video, Tonband, Dia, Projektorfolie, Arbeitsblättern und alles verbindenden Lehrerfragen lückenlos vorgeplant und vorgedacht wird, gibt es nicht mehr viel zu tun. Eine solche Lektion hat die Faszination eines ferngesteuerten Spielzeugautos: perfekt, aber langweilig; vorwärts/rückwärts/links/rechts und damit hat sich's schon.

Und dann eben jener Fimmel mit dem Zeit-gewinnen. Zeit ist Geld, sagen wir und leben, als wäre es tatsächlich so. Wo immer möglich versuchen wir, Zeit zu gewinnen. Ganze Nationen vermag man nachmittagelang an die Mattscheibe zu fesseln, auf dass sie mitverfolgen, wer an diesem gottlos vereisten Berghang wen um wieviel Hundertstelsekunden übertrumpfe. Seit der TGV in knapp fünf Stunden von Bern nach Paris fährt, muss plötzlich jede und jeder nach Paris. Was die wohl alle machen in Paris mit der gewonnenen Zeit? Wo mag sie auch hingeraten, all die gewonnene Zeit? Wen macht sie reich? Ist Zeit-gewinnen nicht gleichbedeutend mit Sand durch die Wüste tragen oder Wasser ins Meer? Denn wann und wo ich auch ankommen mag, eines ist schon da: Zeit. Immer ist Zeit.

Das hat mich kein Philosoph, kein Pfarrer, kein Lehrer gelehrt; das hat mich ein Bergbauer gelehrt, Wilhelm Mani, der als letzter seines Dorfes sein steiles Heimet noch von Hand mähte und das Heu auf dem eigenen Rücken in die Heuschober trug. Fünf Sommer lang half ich ihm beim Heuen.

In der Morgenfrühe mähten wir mit der Sense das taunasse Gras. Nach dem Frühstück wurden die Schwaden mit der Gabel verzettelt, dann im Laufe des Tages ein-, zweimal gewendet. Am Nachmittag rechten wir das am Vortag Geschnittene zu Schwaden zusammen, banden es mit dem Heuseil zu Ballen und trugen es auf dem Rücken ein. Oftmals drohten gerade am Nachmittag schwarze Gewitterwolken. Unwillkürlich begann ich zu eilen und hasten, fragte Wilhelm besorgt, wann das Gewitter wohl losbreche, ob es wohl noch reiche, alles trocken unter Dach zu bringen. Dieser blieb stehen, schaute hinauf zum Grat und meinte: Es chunnt de scho eppa. Und erzählte gleich noch einen seiner vielen Witze, bevor er seine Pfeife in Brand setze und dann wieder, ohne eine Spur von Eile und Nervosität, zum Rechen griff.

Als ich seine Ruhe wahrnahm, schämte ich mich für mein theatralisches Getue und versuchte, wie er in Ruhe einfach weiterzuarbeiten, bis der Regen komme. Und fast immer brachten wir den letzten Heuhalm unter Dach, bevor der Regen kam. Die schweren Tropfen empfand ich dann wie eine Belohnung. Wurde doch einmal ein Rest Heu nass, konnte er am nächsten Tag wieder trocknen und kam auch so, bloss einen Tag später, als wertvolles Futter auf den Stock.

Diesen einfachen, zähen Mann, der sein Leben lang hart gearbeitet hat, als Bergbauer und Hilfsarbeiter, hörte ich kaum je klagen über die Arbeit. Er arbeitete wie er atmete, in angemessenem Tempo und nie abbrechender Stetigkeit. Daran konnten weder schwarze Wolken noch Donnerrollen etwas ändern: es ist immer Zeit, immer.

Die Frage, was denn aus der «gewonnenen» Zeit werde, lässt sich, meine ich, sehr wohl beantworten: die pausenlose Anstrengung, Zeit zu gewinnen, führt zur krankmachenden Hetzerei, zum Stress; aus der gewonnenen Zeit wird Langeweile, denn weil, wo ich auch hinkomme, Zeit ja schon ist, wird das «Gewonnene» zum sinnlosen Luxus.

Darf also ein Lehrer, der Kind und Arbeit ernst nimmt, nie mehr zu grösserer Eile auffordern? Was heisst denn in der Schulstube «angemessenes Arbeitstempo»? Gibt es nicht doch einen Richtwert, an dem sich Schüler und Lehrer orientieren können?
Das Mass ist jeder Schüler selbst. Es kann nie ein für die ganze Klasse geltendes Arbeitstempo geben. Es muss also eine Arbeitsform gefunden werden, die es jedem einzelnen Schüler erlaubt, sein Tempo zu finden und nach diesem zu arbeiten.
Wo ein Lehrer auf Druck der Eltern, die Angst haben, ihr Kind könnte ein vorgesehenes Ziel nicht erreichen, und auf Druck seiner eigenen Ängste Zeitdruck auf seine Schüler ausübt, erreicht er mit ziemlicher Sicherheit das Gegenteil.
Wo rasch etwas «durchgenommen» wird, damit man es beruhigt abhaken kann, verwandeln sich Lehrpfade in Rutschbahnen.
Man ist blitzschnell unten, aber was war da bloss unterwegs? Wenn ein Kind, das seine Arbeit ernst nimmt, unter Zeitdruck lernen muss, beschäftigt es sich mehr mit der Angst, nicht fertig zu werden, als mit seiner Arbeit.
Noch einmal die Frage: ist ein Hü und Hopp in der Schulstube strikte verboten? Überhaupt nicht.
Wenn ein Kind durch simple Zerstreutheit langsamer vorankommt, als zumutbar ist, darf und soll es darauf aufmerksam gemacht werden. Das Kind wird aber immer spüren, ob der Auslöser solcher Forderungen Angst ist oder unverkrampfte Sachlichkeit.
In einem wirklich angstfreien Klima sind sogar ab und zu ausdrückliche Geschwindigkeitsübungen möglich: Rechenübungen mit dem elektronischen Trainings-Rechner zum Beispiel oder auch Textarbeiten mit Zeitlimiten. Frei von Angst (bei Schüler *und* Lehrer) sind solche Geschwindigkeitsübungen will-

kommene Abwechslung, ein Spiel.
Diese spielerischen Elemente unterscheiden sich grundsätzlich von einem Unterricht, der permanent unter der Drohung davongaloppierender Zeit steht. Wo pausenlos gehetzt wird, entsteht ein Klima innerer Unruhe. Weg ist die Geborgenheit. Wie seine Eltern in der Arbeitswelt, so ist das Kind in der Schule allen Widerwärtigkeiten des Wettbewerbs ausgesetzt, unter deren Einfluss es nur schlecht oder überhaupt nicht lernen kann.

Wenn schon Arbeit, dann möglichst gut bezahlte

Glückliche Menschen sind wesentlich weniger konsumwütig als unglückliche. Menschen, die in ihrer Arbeit aufgehen, die nicht unterscheiden können zwischen Arbeit und Freizeit, weil sie gerne und daher irgendwie immer arbeiten, beanspruchen nicht mehr Lohn, als sie für ihren Lebensunterhalt (oder den Unterhalt ihrer Familie) brauchen.
Wer eine monotone Arbeit leistet, eine Arbeit, die seine Gesundheit belastet, eine Arbeit, die ihm keine Erfüllung gewährt, der will wenigstens einen guten Lohn erhalten, damit er sich zu Hause besonders schön einrichten, sich ein befriedigendes Hobby leisten kann und Ferien nach Wunsch und nicht nach dem Portemonnaie.

Auch die Schule zahlt Löhne aus. Der Lohn des Schülers sind die Noten. Das Zeugnis ist der dreizehnte Monatslohn. Mit einem guten Zeugnis kann sich der Schüler eine besonders gute Lehrstelle leisten.
In Schulen, die versuchsweise die Noten abgeschafft haben (ohne wesentliche Änderung des Unterrichtsstils), haben die Lehrer (überrascht oder mit Genugtuung, je nachdem!) festgestellt, dass viele Schüler

nach kurzer Zeit die Wiedereinführung der Noten gefordert haben.

Die Lehrer glaubten zwar, an einem fortschrittlichen Versuch beteiligt zu sein, dabei haben sie einen Rückschritt aus dem industriellen Zeitalter ins Mittelalter vollzogen, denn Arbeit ohne Lohn ist Fron.

Solange Schularbeit eine Fremdarbeit ist und nicht ureigenste Lebensarbeit, werden gerade aufgeweckte Kinder Noten fordern.

Ich meine: nicht nur auf der Unterstufe, in der Schule überhaupt sollen und können wir auf Noten verzichten, freilich erst, wenn wir den Unterricht aus der Fremdheit der Institution Schule ins Leben der Kinder selbst zurückgeführt haben. Und eigentlich ist es auch falsch, vom Abschaffen der Noten zu reden. Im neuen Unterricht werden die Kinder ganz einfach nicht mehr an Noten denken. Und wenn ihnen in den Sinn kommt, dass es ja einmal Noten gegeben habe, werden sie sich nicht mehr recht erklären können, weshalb.

Aber soweit sind wir noch nicht.

So wie viele Kinder nicht mehr zur Schule gingen, sobald sie freiwillig wäre, so gingen – das haben Umfragen deutlich gezeigt – ein Grossteil der Werktätigen schon morgen nicht mehr zur Arbeit, wären sie nicht auf die Noten, die Bank-Noten angewiesen.

Das Ungerechte an der Lohnpraxis der Gegenwart ist zwar, dass die Löhne so verschieden sind. Doch diese Verschiedenheit widerspiegelt auch eine Ordnung, eine ungerechte zwar, aber immerhin: man weiss gleich, wo man steht.

Daher wollen die Schüler im bestehenden Schulsystem Noten, auch wenn sie gewärtigen müssen, dass es schlechte Noten sind.

Neue Antworten auf alte Fragen

Vorsicht: da kommt also ein Lehrer und warnt vor weiterer Arbeitszeit-Verkürzung, stellt Erleichterungen am Arbeitsplatz in Frage, ist dagegen, dass man Zeit gewinnt für Angenehmeres, und rechtfertigt sogar unterschiedliche Löhne für gleiche Arbeit.
Reden nicht haargenau so die Unternehmer? Verbirgt sich somit in jedem Lehrer, der so und ähnlich denkt, ein kleiner Unternehmer? Ein Erzieher, der sich der Bequemlichkeit halber auf die Seite der Starken stellt, statt sich mit den Schwächeren zu solidarisieren; ist das Erziehung zum Guten? Haben nicht während bald zweihundert Jahren schon Arbeiter mit allem Grund gekämpft für kürzere Arbeitszeit, Verbesserungen am Arbeitsplatz und höhere Löhne? Und jetzt kommt wieder mal ein dummer Schulmeister und will der Geschichte das Bein stellen!
Ja, so könnte man meine Gedanken zur Arbeit tatsächlich auslegen. Wer sie so versteht, hat mich aber falsch verstanden. Wer es so sieht, hat noch nicht begriffen, dass die Geschichte sich nie wiederholt. Wir stehen zwar immer wieder vor gleichen Fragen, aber die Antworten von gestern können nicht die Antworten von heute sein, denn die Geschichte geht weiter mit jedem Tag. Wir bewegen uns nicht im Kreis, wir bewegen uns auf einer Spirale. Wenn wir heute im Umfeld von totaler Automatisierung, Massenarbeitslosigkeit und sinnentleerter Freizeit die Fragen nach Arbeit und Arbeitszeit neu beantworten, heisst das nicht, dass die Anliegen und Forderungen der Arbeitermassen, die in den siebziger Jahren des letzten Jahrhunderts das erste Fabrikgesetz erzwangen, falsch gewesen seien. Sie haben damals das Bestmögliche erreicht. So sollen auch wir heute versuchen, das Bestmögliche zu erreichen, statt gedankenfaul mit alten Antworten ins Leere zu

laufen. Die Arbeiter der Jahrhundertwende trieben in den reissenden Fluten der Industrialisierung, und es ging vorerst einzig darum, nicht zu ertrinken. Heute stehen wir am Ende dieser Geschichtsepoche, wir haben bereits Distanz gewonnen und sind in der Lage, die industrielle Produktion an sich in Frage zu stellen. Es ist im Rahmen dieser Arbeit nicht möglich, das Bild einer nachindustriellen Gesellschaft zu entwerfen. Zwei, drei Striche einer Skizze sollen genügen, um anzudeuten, in welcher Richtung die neuen Antworten zu suchen wären.

– Arbeit und Arbeitszeit wieder so attraktiv und menschengerecht gestalten, dass gar kein Bedürfnis mehr besteht, die Arbeitszeit noch weiter zu verkürzen. Fliessbandarbeit, bei der eine Arbeiterin pro Tag an dreitausend Staubsaugern den immer gleichen Schalter montiert, ist unmenschlich. Menschlich ist die gleiche Montagearbeit, wenn alle Arbeiterinnen und Arbeiter sich pro Tag einige Male durch die ganze Montagehalle bewegen und alle Staubsauger von A bis Z zusammensetzen. So wird der Staubsauger einer Arbeiterin auf dem Weg durch die Halle zu *ihrem* Gerät, weil sie es wachsen sieht und so die Wirkung ihrer Arbeit sinnenhaft erfährt. Der Funktionstest mit positivem Ergebnis ist ein erster wesentlicher Lohn für geleistete Arbeit. Befriedigung statt Monotonie.
– Selbstverwaltete Kleinbetriebe anstelle anonymer Industriekolosse.
– Solidarische Verteilung von Arbeit, Verantwortung und Profit.
– Wohn-, Arbeits- und Erholungsraum aus ihrer Zerstückelung wieder zusammenführen und naturgerecht wiederherstellen, damit Ferien im fernen Land freiwillige Bereicherung und nicht zwanghafte Notwendigkeit sind.

Ja freilich, das sind hochtrabende Gedanken. Doch wenn wir sehen, wie Monotonie bald schon die letzte schöne Arbeit frisst und die Menschen krank macht, wie die Automatisierung Massen Arbeitsloser produziert, wie wenige Reiche immer reicher werden und von neuem Armut die Völker geisselt, wie die für frustrierte Massen eingerichtete Freizeitindustrie die ohnehin belastete Umwelt noch endgültig zerstört, dann helfen in der Tat nur noch grosse Gedanken. Wenn die grossen Gedanken uns klar die Richtung weisen, dürfen dabei unsere Schritte noch so klein sein; es sind dann kleinste Schritte in der richtigen Richtung. Solche kleinsten Schritte kann auch die Schule machen, zum Beispiel, indem sie ein neues Verhältnis zur Arbeit vermittelt und lebt:
Arbeit ist schön!

Alte und neue Werte

Die Wörter «machen» und «Macht» stehen nicht bloss vom Wortlaut her in enger Verwandtschaft.
Von einem, der Karriere gemacht hat, der ein Ziel mit Glanz und Erfolg erreicht hat, sagen wir, er sei ein «gemachter Mann». Das «Gemachte» steht für Leistung. Dem gegenüber ist das «Gewordene» unbedeutend, das Gewordene ist im besten Falle Rohstoff für die Macher.
Seit auch die Schule zur Domäne der Macher geworden ist, hat das messbare Wissen und Können sich gegen alle andern Werte durchgesetzt. Die Welt gehört den Machern; die Macher sind mächtig.
So wird den Kindern das ganze Leben als gnadenloser Wettbewerb dargestellt und vorgelebt. Daher die Noten und Zeugnisse schon in der ersten Klasse, denn früh krümmt sich, was ein Häkchen werden will. Wer mehr weiss, liegt vorn. Wer schon in der Schule mehr kann, startet mit Vorsprung ins Erwerbsleben, kommt höher als die andern.
Doch heute stellen wir mehr und mehr fest, dass die ganz oben, in Politik, Wirtschaft und Wissenschaft, oft nicht eben die Klügsten sind. Ihr Wissen hat sie nur mächtig, aber nicht weise gemacht. Wissen als Machtmittel macht engstirnig. Wer mit Wissen manipuliert, verführt sich selbst.
Nur das Wissen, das dem Verstehen dient, lässt Zusammenhänge über den Rand des eigenen Nestes hinaus erkennen. Der Verständige sieht die Welt, wie sie ist. Der Mächtige sieht die Welt, wie er sie haben möchte. Die Machthaber ruhen sich aus auf der Ohnmacht der Machtlosen und biegen sich die Welt nach ihren Vorstellungen zurecht.
Die alltäglichen Sorgen der Massen sind ihnen fremd,

und mit voller Kraft vervollkommnen sie ihre eigene Schöpfung, ihre private Welt, auf Kosten der wirklichen Schöpfung. Wälder und Meeresfauna sterben lautlos.

Und die mächtigen Macher sehen nur, was sie sehen wollen. Ihre Wahrnehmung ist trüb, Intuition geht ihnen völlig ab.

So ist uns die Wissenschaft, trotz grosser Verdienste, in fast allen Fachrichtungen zur Bedrohung geworden, weil die Wissenschafter zwar sehr viel wissen, aber doch eigentlich dumm sind; dumm in ihrer Unfähigkeit, die Folgen ihres Tuns abzusehen.

Es ist wichtig zu wissen, dass Wissenschaft nicht seit jeher der Manipulation diente. Auch das göttliche Gebot «Macht euch die Erde untertan» war ursprünglich einfach eine Erlaubnis, den Erdboden zum Ackerbau zu nutzen. Dieses Gebot war also keine Einladung an Imperialisten zur globalen Ausbeutung. Angesichts der weltweiten Verwüstung wäre es allen dienlicher, das göttliche Gebot hätte geheissen: Machet euch *der* Erde untertan.

Wie aus der göttlichen Leihgabe ein Freipass für Ausbeuter geworden ist, so ist auch die Wissenschaft als Bewahrerin der Weisheit zum wohl machtvollsten Instrument der Zerstörung geworden. Der Wendepunkt lässt sich anhand der Geschichte der Wissenschaft ziemlich klar feststellen. Francis Bacon steht an diesem Wendepunkt. Sein Credo: Wissen ist Macht.

Die Historikerin Carolyn Merchant macht darauf aufmerksam, mit welcher Bösartigkeit Bacon das Wissen gegen die Natur, das Gewordene, eingesetzt haben möchte. Es gelte, schreibt Bacon, «sich die Natur gefügig und zur Sklavin zu machen»; der Wissenschaftler «soll die Natur auf die Folter spannen, bis sie ihre Geheimnisse preisgibt».

Die Rechnung für diese grausame und im übrigen

sexistische Haltung wird uns heute, nach 300 Jahren systematischer Folterung der Natur, präsentiert: die globale ökologische Krise, die selbstzerstörerische Haltung mächtiger Fachidioten und – als letzter Hoffnungsschimmer: der Durchbruch sanfter Weisheit, soweit sie sich durch die Jahrhunderte zunehmender Zerstörung zu retten vermochte. Diese Weisheit allein vermag in ihrem selbstverständlichen Einklang mit der Natur neue Massstäbe, neue Werte zu schaffen.

Ich will nun versuchen, am Beispiel von Schule und Unterricht alte und neue Werte aufzuzeigen. Ich will zugleich versuchen, dieselben Werte auch in andern Bereichen des menschlichen Lebens aufzuspüren, nämlich im Landbau, in der Medizin und in der Wirtschaft.
– Unsere Schule geht von der Annahme aus, dass für Gleichaltrige der gleiche Stoff das Richtige sei. Freilich stellt man da und dort ein Kind um ein Jahr zurück, versetzt einige in Kleinklassen oder – der vermeintlich neue Schlager – man fasst institutionell alle Kinder wieder unter einem Dach zusammen, in der sogenannten integrierten Gesamtschule, und sondert dann von Fach zu Fach aus; aber letztlich fusst jede dieser Massnahmen nach wie vor auf der Annahme: für Gleichaltrige das Gleiche in einheitlicher Form und Methode. Würde ein Landarzt nach derselben Methode praktizieren, müsste er sagen: Wer heute von 10 bis 12 in meine Praxis kommt, kriegt Abführmittel, einzig in der Dosierung werde ich variieren. Am Nachmittag gibt es dann blutdrucksenkende Mittel.
– Jede Lehrerin, jeder Lehrer der heutigen Schule ist ein Dealer. Der Lehrer hat, laut Methodik, «Interesse zu wecken für den zu bietenden Stoff». Er verfährt somit in gleicher Weise wie ein Wirtschaftsunternehmen

in unserer übersättigten Gesellschaft. Die Annahme: eigentlich braucht der Konsument unser Produkt gar nicht. Doch wenn wir ihm unser Produkt nicht aufschwatzen, schwatzt die Konkurrenz ihm das ihrige auf. Die Zeit, zu der noch nach den Bedürfnissen der Bevölkerung produziert wurde, ist längst vorbei, denn schon lange wird unter Wettbewerbsdruck in Unmengen produziert und zugleich künstlich das Bedürfnis nach diesen Produkten geschaffen: Interesse geweckt für den zu bietenden Stoff.

– Unsere Schulen sind riesige Monokulturen mit allen Gefahren, die diese Anbaumethode mit sich bringt. Monokulturen verlieren bekanntlich die selbstregulierende Kraft eines gesunden Ökosystems. Ein Insekt verliert seine natürlichen Feinde und wird durch ungehemmte Vermehrung zum bedrohlichen Schädling. Pilzbefall der Kulturpflanze kann sich epidemisch ausbreiten. Die Böden werden einseitig belastet.

Monokultur in der Schule: eine Jahrgangsklasse, zum Beispiel 8. Real. Keine natürliche Durchmischung nach Alter also. Das bedeutet, man muss nicht Rücksicht nehmen auf Kleinere, Schwächere, entwicklungsmässig Andersdenkende. Bestimmte Eigenschaften breiten sich aus und werden zur Plage, zum Beispiel die Freude am kraftvollen Zupacken wuchert in der Breite der Monokultur und wird zur Rüpelhaftigkeit. Im Kasernenklima gehen alle zarten Gewächse zugrunde. Der Pilzbefall: zum Beispiel der Läck-mr-Schimmel, er breitet sich mangels hemmender Nachbarschaftspflanzen ungehindert aus. So werden Eingriffe von aussen unumgänglich: Spritzmittel, Dünger. Für die Schule heisst dies: disziplinierende Massnahmen, Vorschriften, Strafen. Die negativen Nebenwirkungen solcher korrigierender Eingriffe sind auf dem Feld und in der Schulkasse beträchtlich und überwiegen nicht selten die beabsichtigte Wirkung.

– Die intensive Nutzung unseres Kulturlandes führt zur chronischen Überbelastung; diese wiederum bewirkt eine grösstenteils irreparable Abnahme der Bodenfruchtbarkeit. Saurer Boden, schwindender Humusanteil und Bodenverdichtung sind nur drei Komponenten dieser Zerstörung. Am Ende dieser Entwicklung stehen giftige Wüsten.

Auch in der Schule kennen wir diese Übernutzung. Wie vom Boden wird auch vom Schüler oft wesentlich mehr verlangt, als er von Natur aus zu geben vermöchte. Auch in der Schule wird daher kräftig gedüngt und gespritzt. Und zwangsläufig nimmt auch die Anfälligkeit der Pflanze Mensch zu: das heisst psychische Störungen bei einem grossen Teil der Schüler. Kinder, die sich in natürlicher Normalpopulation (Mischkultur) praktisch selber zu tragen vermöchten, werden im Treibhausklima der Schule zu Starkzehrern (wie der Futtermais zum Beispiel) und laugen den ohnehin geschwächten emotionalen Boden endgültig aus. Das selbstverständliche Geben und Nehmen der intakten Gruppe als Lebensgemeinschaft ist gestört: die meisten wollen nur noch nehmen, sind aber nicht bereit, etwas zu geben. Der Lehrer leistet emotionale Defizitgarantie, dafür ist er ja auch bezahlt. Obwohl stets intensiver beackert wird, nimmt auch da die Fruchtbarkeit ab, und die Qualität des Erreichten ist bedenklich: zunehmende Entfremdung (dä Seich geit mi doch gar nüt a), Fertigkeiten in Sprache und Mathematik nehmen ab, der Stress trotz Langeweile zu.

– Produktion (Leistung) über das naturgegebene Mass hinaus ist immer schädlich, auch wenn die Schäden in den meisten Fällen nicht sogleich sichtbar werden. Würden vom Bruttosozialprodukt die Aufwendungen zur Reparatur von Umweltschäden abgerechnet, gäbe es kein Wirtschaftswachstum mehr. Die Kosten, die Produktionsschäden verursachen, würden den Gewinn aus eben dieser Produktion in einem Happen schlucken (zum Beispiel Kernenergie); doch da die Schäden nicht aus jener Tasche berappt werden, in welche die Gewinne fliessen, geschieht wenig und nichts in Richtung ökologisch verantwortlichen Handelns. Wir wissen zwar, dass die Regenwälder für die Menschheit von existentieller Bedeutung sind, doch wenn wir nur noch zwölf Jahre so weitermachen wie bisher, gibt es auf dem Planeten Erde keinen Regenwald mehr.

– Leistungsansprüche über das naturgegebene Mass hinaus, haben wir bereits festgestellt, gibt es nicht nur in Wirtschaft und Landwirtschaft, es gibt sie auch in der Schule. Und genau wie in der Wirtschaft, so versucht man auch in der Schule, den Teufel mit dem Beelzebub auszutreiben. Wie man Schäden unangepasster Technologie mit neuen technologischen Mitteln statt mit weniger Technologie begegnet, so antworten wir auf Verschulungsschäden mit noch mehr Schule. Im besten Falle wird ein Schulinvalider eine der wenigen humanistischen Alternativschulen besuchen dürfen. In der Regel wird man ihn aber in eine Privatschule schicken, die Schulerfolg, wenn nicht gerade garantiert, so doch mit grossen Worten zusichert. Und man wird es in den meisten Fällen auch schaffen, denn was zählt, ist allein die bestandene Prüfung. Dass der Geprüfte mittlerweile eine Seelenruine ohne Selbstvertrauen ist, ist für die schulische Erfolgsstatistik nicht relevant. Solche Nebenwirkungen erscheinen später in Gesundheitsstatistiken, in Statistiken von medizinischen und psychiatrischen Kliniken. Doch diese haben, wie wir nun wissen, mit der Schule gar nichts zu tun. Und auch Stimmabstinenz, Scheidungsquoten, Vereinsamung und Kriminalität werden isoliert beurteilt; Querverbindungen herzustellen wäre doch bloss spekulativ und würde die Sache zu sehr komplizieren.

– Nach wie vor gilt der Mensch als Maschine, als jederzeit ausbaufähiger Apparat. Diese Sicht ist grundlegend für Erziehung, Bildung und Medizin und bewirkt in der Regel eine vollständige Entmündigung; Entmündigung des Schülers durch den Lehrer, des Patienten durch den Arzt.

Krankheit ist eine Funktionsstörung im Apparat Mensch. Krankheit dringt von aussen ein und greift ein bestimmtes Organ an. Die Aufgabe des medizinischen Mechanikers ist es, mit Skalpell oder Chemie, oder mit beidem zusammen, die Störung zu beheben und so den Apparat wieder voll funktionsfähig zu machen. Für die Dauer der Reparatur verliert der betroffene Mensch sein Selbstbestimmungsrecht. Am deutlichsten erfahren dies Patienten in psychiatrischen Kliniken, deren Entmündigung radikaler ist als die von Strafgefangenen. Der Apparat Mensch braucht in der Regel nicht einmal zu wissen, welche Medikamente wie und wozu genau an ihm angewendet werden. «Ja, ja, Frau Zimmermann, das kriegen wir schon wieder hin.» Der Patient bekommt als Mensch erst eine Bedeutung, wenn er sich gegen Medikamente und Therapie zur Wehr setzt.

Die Parallele zur Schule lässt sich lückenlos nachzeichnen. Wie Krankheit und die Medikamente kommt auch der Stoff von aussen an den Schüler heran. Der Lehrer sieht den Stoff als aufbauendes Präparat, der widerspenstige Schüler sieht den gleichen Stoff eher als Krankheitserreger und wehrt sich dagegen. Doch der Lehrer zwingt ihn wenn nötig, den nach bestem Wissen und Gewissen dosierten Stoff einzunehmen. Auch bei diesem Spiel ist für abweichendes Verhalten, für eigenwilliges Handeln des Schülers wenig oder kein Platz. Abweichendes Verhalten wird in vielfältiger Form geahndet. Der Schüler lernt schnell, dass auch in der Schule passives Hinnehmen und richtiges Reagieren der schmerzloseste Weg durch die Institution Schule ist. Jeder Schritt im Sinne des Systems wird mit guten Noten honoriert, jeder abweichende Schritt bringt bloss Schereien. Dem Lehrer zuliebe wird gelernt, wie andere dem Arzt zuliebe Pillen schlucken.

So, und nun wollen wir nicht weiter rückwärts blicken; wenden wir uns jetzt den neuen, entgegengesetzten Werten zu.

Gemeinsam ist allen Werten des bisher geltenden Systems, dass Kräfte von aussen auf den Gegenstand Mensch, Pflanze, Boden, Umwelt einwirken. Es ist seinem Wesen nach ein *dirigistisches* System.
Gemeinsam ist allen Werten des neu zu entdeckenden Systems, das nichts anderes ist als das unendlich reiche und feine Gewebe der Natur, dass sie aufbauen auf der Gewissheit: alles Erforderliche ist schon da, in jedem Menschen, in jeder Pflanze, in jedem Erdklumpen, in jedem Stein. Unsere Aufgabe besteht lediglich darin zu erkennen, was der Entfaltung der keimenden Anlagen förderlich ist. Die neue Aufgabe ist ihrem Wesen nach eine *kultivierende*.

Krankheiten sind nur bedingt eine Attacke von aussen, die bösen Bakterien bloss ein Teil der Antwort auf die Frage: warum bin ich krank. Wir «wollen» krank werden. Krankheiten sind nicht zufällige Schicksalsschläge. Der Mensch ist eben kein seelen- und willenloser Apparat, den man beschädigen und ohne sein Zutun wieder flicken kann. Weil ich krank werden wollte, kann ich auch wieder gesund werden wollen.

Ich muss mich heilen. Verordnete Medikamente und Therapien heilen nicht, sie lindern, sie können die Heilung unterstützen, doch die entscheidende Leistung, die Verantwortung für die Genesung, liegt bei mir selber.
Genauso ist das Lernen ein Aspekt menschlicher Aktivität, der, wie die Gesundheit, ganz in der Eigenverantwortung des Lernenden ist und bleibt. Die Aufgabe der Lehrerin besteht eigentlich einzig darin, die Kinder in ihrer Lernarbeit zu unterstützen. Trifft man selten einmal ein Kind, das nicht von sich aus lernen will, können wir annehmen, dass es in seiner frühkindlichen Entwicklung entsprechende Erfahrungen gemacht hat, und wir müssen ihm helfen, seinen verschütteten Weg wieder freizulegen.
Leider ist es oft gerade die Schule selbst, die Kinder vom Lernen abbringt, die mit ihren falschen Prämissen in den Kindern den Lernunwillen kultiviert. Gerade gesunde, willensstarke Kinder nämlich reagieren auf jede Form von Eintrichterung ablehnend und werden somit Schüler mit schlechten Leistungen.
Der zentrale Auftrag der Schule ist somit Anleiten zum entdeckenden Lernen: entdecke dich selber, entdecke die Welt um dich; schaffe dir einen Platz, an dem du dich wohl fühlst, aber achte darauf, dass dein Platz nicht auf Kosten anderer geht; wachse, teile dich mit, suche den Weg zu den andern, lass sie Anteil nehmen an deinen Gedanken, den heiteren und den düsteren.

Der Lehrer der neuen Schule wird Vertrauen haben, Vertrauen in jedes einzelne Kind; er wird vertrauen darauf, dass sie gedeihen ohne Treibhaus, ohne Kunstdünger; das heisst ohne Notenterror, ohne Polizeistaat.
Die neue Schule wird sein wie ein grosses Boot. Auf dem Boot sind Kinder verschiedenen Alters, verschie-

dener Intelligenz, verschiedenster Geschicklichkeit und Verhaltensweise. Zusammen mit Lehrerin und Lehrer bilden sie eine Schicksalsgemeinschaft. Niemandem droht der Ausschluss, niemand wird über Bord geworfen. Auf hoher See eilt auch keiner selbstsüchtig voraus. Gegenseitige Hilfe ist oberste Tugend.
Wir werden in der überschaubaren Gruppe lernen, nicht auf Kosten anderer zu leben, wie wir auch später nicht auf Kosten anderer Völker und nicht auf Kosten der Natur leben wollen.
Wir werden uns von der idiotischen Maxime abwenden, dass das Grössere zwangsläufig auch das Bessere sei.
«Im Kleinen liegt Weisheit», sagt der Autor Fritz Schuhmacher.
Es gibt keine absoluten Massstäbe. Das Mass ist der Mensch selbst. Wir kommen dabei nicht um die Tatsache herum, dass es Schnelle und Langsame, Dumme und Kluge, Starke und Schwache, Unbewegliche und Flinke gibt. Gleichmacherei gehört zum Allmachtswahn der Macher und ist falsch verstandene Gerechtigkeit. Auch fortschrittliche, menschenfreundlich denkende Politiker mussten das Postulat der Chancen*gleichheit* im Bildungswesen aufgeben zugunsten der Chancen*gerechtigkeit*. Damit sollen freilich keine sozialen Vorurteile zementiert werden; das Vorurteil etwa, dem Kind eines Fabrikarbeiters sei die Luft an Hochschulen zu dünn, dünne Luft vertrügen Kinder von Akademikern besser.
Die humane Schule wird sich zum Ziele setzen, jedes Kind das ihm eigene Mass finden zu lassen, ohne Selektion, ohne Aussonderung. Damit dies möglich ist, muss die Schule ihren Unterricht wesentlich umgestalten; der konkrete Weg zum neuen Ziel ist eine neue Methode.
In der neuen Schule wird nicht bloss der Lehrer für

die Klasse da sein: jeder ist für jeden da. Die neue Klasse wird daher eine Mischkultur sein, in dem der eine dem Boden zufügt, was der andere braucht. Jeder trägt bei, wozu er imstande ist: hilft bei Aufgaben, gibt Erfahrungen weiter, diskutiert, streitet, schlichtet und tröstet, hilft Schwächere tragen, hilft Schwierige ertragen.

Ronald D. Laing erklärt, Geisteskranke seien gesunde Menschen, die auf eine kranke Umwelt gesund reagieren. Wenn ich mich nicht täusche, war es John Lennon, der in seinem Haus ein Zimmer auf ganz besondere Weise eingerichtet hatte. Die ganze Zimmereinrichtung hängte er an die Decke. Ahnungslose Gäste soll er, ohne Licht zu machen, zum Schlafen in dieses Zimmer geführt haben. Viele sollen beim Erwachen am Morgen halb verrückt geworden sein.

Ich kann mir, glaube ich, das endlose Aneinanderreihen von Tatbeständen ersparen, die zusammengenommen belegen, dass unsere Welt auf dem Kopf steht. Jede Zeitung bringt dazu täglich eine Fülle neuer Beweise: die Welt steht kopf, macht auf verrückt.

Also bleibt Erziehern und Lehrern, die wollen, dass ihre Kinder im Alltag möglichst reibungslos funktionieren, nichts anderes übrig, als sie durch ihre Arbeit auch auf den Kopf zu stellen.

Die neue Schule wird es wagen, die Kinder in aufrechtem Gang in die Welt zu entlassen, im Vertrauen darauf, dass sie stark genug sind, die verkehrte Welt mit der Masse verkehrter Menschen zu ertragen und nach und nach, in gemeinsamer Anstrengung, Welt und Menschen zu wenden, zum Guten.

**Kunst
im Unterricht**

Vom Ganzen und Schönen

Kunst im Unterricht

Ein Bauarbeiter erklärt: D Künschtler sy frächi Sieche; machen öppis wo niemer wott u niemer brucht; Züüg, wo jede süber o chönnt mache, u höische drfür wi d Scheume.
Nun ja, in einem Land, in dem die Maler vorwiegend für die Banken produzieren, ist der Zorn dieses Arbeiters an sich verständlich, und Scharlatane gibt es schliesslich überall, also auch in der Kunst.
Aber die vielen andern, die unendlich viele Gedanken, viel Liebe und das Leben selbst einbringen in ihre Werke?
Kunst, definiert der Arbeiter auf seine Weise, ist ein Produkt, das niemand brauchen kann, das sich nicht brauchen, nicht nutzen lässt: etwas Unnützes. Ein Glück für die Kunst, den Künstler, denn:
a) In einem Alltag, der am egoistischen Nützlichkeitsdenken zu ersticken droht, schafft das scheinbar Unnütze Raum zum Atmen.
b) In einem Alltag, der unter dem strengen Diktat gefälliger Äusserlichkeit steht, ist jene Kunst, die nicht einfach gefallen will, ein unentbehrlicher Denkanstoss.
c) In einer aufs Zerstreuen und Ablenken bedachten Freizeitindustrie brauchen wir die Kunst, die mehr will als vertrösten und unterhalten.
d) In unserem zerstörungswütigen, profitsüchtigen Land brauchen wir mehr denn je das Schöne an sich: den Baum, der nicht gefällt, den Bach, der nicht korrigiert, die rissige Fassade, die nicht glattsaniert werden will; die nackte Frau, die weder sich noch irgend etwas verkaufen will.
e) In unserem Land, in dem die Superreichen auf immer mehr Besitz und Unrecht hocken, und die Politi-

ker offenbar nichts Edleres zu tun haben, als eben diese Vorrechte zu hüten und die daraus resultierende elende Ohnmacht der Masse zu verwalten, brauchen wir Künstler, die Utopien, Welten entwerfen, in denen die Menschen mehr zu tun haben, als Geld verdienen, Geld horten und Geld ausgeben.

Zu all den Punkten, die weiss Gott nur einige der vielen Aufgaben der Kunst berühren, gibt es Parallelen im Unterricht der Volksschule.
Zu a) Die unnütze Kunst. Lesen, Rechnen, Schreiben und neuerdings noch Informatik, das brauchen Kinder, das müssen sie beherrschen. Und je schlechter ein Kind rechnet, um so mehr soll es rechnen, denn wer schwach ist im Rechnen, soll es so lange üben, bis er's kann. Basta. – So denken und argumentieren ungeduldige Eltern.
Es liegt an der Beschränktheit unseres materialistischen Denkens, dass uns der Satz: «Der Umweg ist die kürzeste Verbindung» nicht mehr als ein müdes Lächeln zu entlocken vermag.
Wieviel Wahres aber liegt doch in dieser scheinbar paradoxen Aussage!
Ein Schulversuch in Muri bei Bern, in dem eine Klasse nach der ordentlichen Lektionentafel unterrichtet wurde, die Parallelklasse aber wesentlich mehr kreativ gearbeitet hat (Musik, Tanz, Theater, Malen, Werken) und dies zeitlich auf Kosten der Hauptfächer, dieser Versuch hat deutlich gezeigt, was viele Pädagogen den nur auf Leistung fixierten Eltern immer wieder verständlich machen möchten: die kreativ arbeitenden Schüler, die also wesentlich weniger Zeit zum «nützlichen Lernen» verwendet hatten, schnitten ebensogut, ja sogar besser ab als die normal geführte Vergleichsklasse.

Zu b)   Schönheitsideale kennt jede Zeit und jedes Volk. Je breiter ein Ideal abgestützt ist, um so verpflichtender wirkt es.

Der schöne Mann ist sportlich, stark, er trägt einen Eintagsbart, und es umweht ihn stets ein Hauch von Abenteuer.

Schönheitsideale gibt es auch in der Schule. Beispiele sind das je nach Lehrer variierte Ideal der «schönen» Zeichnung, die Normschrift, die saubere Gerade, die Baunorm des «guten» Aufsatzes bis hin zur «richtigen» Meinung zu den «Hauptfragen» des Lebens. Wobei die Schule oft päpstlicher ist als der Papst.

Wieviel Kraft wird doch darauf verwendet, den Kindern abzugewöhnen, in einem Text einige aufeinanderfolgende Sätze mit dem immer gleichen Wort zu beginnen.

«Ich heisse Heinz Studer. Ich wohne in Bern. Ich habe einen Bruder und eine Schwester. Ich . . .» Das lässt kaum ein Lehrer so gelten, denn auch in den Sprachlehrmitteln stehen entsprechende Übungen, und schliesslich hat man ja selber gelernt, dass man das nicht macht.

Später besucht Heinz Studer das Gymnasium. Im Deutschunterricht hat er biographische Notizen eines Schriftstellers zu lesen. In der Textbesprechung macht der Lehrer die Klasse unter anderem auch aufmerksam auf das einfache, eindringlich wirkende Stilmittel des Autors: 27 der 28 Sätze beginnen nämlich mit «Ich», der 28. mit «Man».

Zu c)   Lange habe ich auch befürchtet: jetzt, da es den Film zu allem und jedem gibt, wirst du mit drei Dias oder gar nur einem Schulwandbild nicht mehr ankommen; jetzt, da es die täglichen Kinderfilm-Serien gibt, hat das Vorlesen, das Erzählen wohl ausgedient. Immer wieder mache ich die gegenteilige Erfahrung:

die Kinder wollen gar nicht noch mehr unterhalten werden; sie sind richtig dankbar, sich nicht auch noch in der Schule regelmässig einen Film ansehen zu müssen; sie sind dankbar dafür, sich in ein Bild, in ein von einem Künstler gestaltetes Bild, auf dem viel Reales geistig schon vorverdaut ist, vertiefen und in ihm verweilen zu dürfen.
Sie hören dankbar einer ruhig fliessenden Geschichte zu und können mit geschlossenen Augen eigene Bilder sehen; so werden sie richtig satt. Wäre es bloss ein Film mehr gewesen, hätten sie nun einen schweren Magen und trotzdem schon wieder Hunger.

Zu d)   Wir gehen während der Unterrichtszeit viel hinaus, um uns einen Baum anzusehen. Warum? Weil es schön ist, sich einen Baum anzusehen. Wir gehen oft durch den Wald, ohne Bio-Auftrag, einfach so, weil es schön ist, einfach so durch den Wald zu gehen.
Im Unterricht nehmen wir uns viel Zeit, Schönes herzustellen: eine schöne Theaterkulisse, einen schönen Gebrauchsgegenstand aus Holz, ein schönes, selber hergestelltes Buch.
Schönheit, die nicht nur an der Oberfläche haftet, Schönheit, die tief wurzelt, ist eine wesentliche erzieherische Kraft, die bildet und formt und stark macht.

Zu e)   So wie unsere Politiker ihre Ratssessel gerne mit Verwaltungsratssesseln verwechseln und also unser Land verwalten statt mit lebendigen Vorstellungen von Recht und Gerechtigkeit in Bewegung zu halten, so wird auch in der Schule das Wachsen der jungen Menschen oft nur verwaltet statt gefördert. Daher bestimmt das *Normative* den Schulalltag und nicht das *Kreative*.
Wer als Lehrer Wachstum verwaltet, kann sich im weichen Sessel ruhig zurücklehnen. Er weiss, was in ei-

nem Jahr sein wird: das gleiche nämlich.
Im normalen Stundenplan ist Kreativität meist eine Randerscheinung. Sie erscheint in Randstunden, in denen von den Kindern noch nichts «Anspruchsvolles» oder nichts «Anspruchsvolles» mehr zu erwarten ist.
Lehrerinnen und Lehrer, die die Kreativität vom Rand ins Zentrum ihres Unterrichts rücken, müssen damit rechnen, immer wieder in Neuland vorzustossen. Es könnte leicht geschehen, dass sie gar nicht mehr dazu kommen, sich hinzusetzen, geschweige denn sich auszuruhen.

Von Poeten und felertöifeln

Gedanken zum Entstehungsweg eines Gedichts

«Den Kindern das Wort geben» ist mehr als der Titel eines guten Films über die Freinet-Pädagogik: da und dort wird im Unterricht dieses Anliegen ernst genommen. Und so kommen auch in der Presse, wenn über Schule und Unterricht berichtet wird, mehr und mehr Schüler selber zu Wort: Aufsätze, Berichte von Schülern, Gedichte von Schülern, Geschichten von Schülern.
Es sind selbstverständlich nicht die holprigsten Gedichte, nicht die farblosen Geschichten, die in der Fachpresse erscheinen. Denn ja, etwas vom Glanz der Schülerarbeit – dafür sorgt das eingefleischte Verständnis von Unterricht – strahlt ja doch auch auf den Lehrer ab. Bei all den Anfechtungen, die uns Lehrern das Leben oft schwer machen, ist es wohl verständlich, dass wir uns wenigstens in der Presse, zusammen mit unsern Schülern, in ein günstiges Licht stellen. Wir wollen schliesslich andere gluschtig machen, Ähnliches zu wagen. Könnte aber die erwähnte redaktionelle Praxis nicht auch das Gegenteil bewirken: entmutigen statt ermutigen? «Schön, sehr schön, diese Geschichten. Aber ich kann das nicht. Wie sollte ich meine Schüler dazu bringen, wenn ich es selber nicht kann.» Richtig. Doch Vorsicht: die Fähigkeit zum kreativen Schreiben hängt weit mehr vom Wollen ab denn von schicksalhafter Begabung.

Kreatives Schreiben mit Schülern ist lernbar

Daher für einmal nicht bloss ein schönes Beispiel, son-

dern auch die Geschichte dieses Beispiels: «Im Wald»
– Bevor ich etwas schreibe, sollte ich etwas erfahren haben. (Könnten sich auch viele Schriftsteller merken.)
Ein Gedicht über den Verkehr schreiben wir auf der Verkehrsinsel, ein Waldgedicht im Wald. Wir z. B. am Montag morgen, kurz nach halb acht. Im Walde angekommen, noch kurz meine Instruktionen: jedes verkriecht sich mit Zettel und Bleistift irgendwo. Keine Sichtverbindung zum nächsten. Macht all eure Sinnenfenster weit auf: schaut, hört, riecht, spürt und kostet, und schreibt schnell etwas davon auf. Alles klar? In einer Viertelstunde sind wir alle wieder hier
Für die kurze Zeit, während der wir uns verkriechen, wahrnehmen und schreiben, eine wichtige Zwischenbemerkung: solchen Aufträgen vorangehen und folgen sollten stets auch sprachspielerische Arbeiten nach dem Grundsatz: Sprache kann alles, Berge versetzen und Schulen abschaffen. Schnell zwei, drei Ideen:
Mein liebster Baum ist der Purzelbaum. Auf schwermütigem Boden und in Neurosengärten ist er kaum anzutreffen. In seiner Krone bauen Kinder Luftschlösser . . .
oder:
Onkel Albert ist noch ein waschechter Wanderbursche. An seinen Schuhen hat er zähe Talsohlen. Am liebsten übernachtet er in einem Bachbett. Auf seiner letzten Tour . . .
oder:
Der felertöifel isst nähmlich ein gantz luschtiger kerl . . .
(ja, warum nicht mal möglichst viele Fehler schreiben; ein einzelnes Wort in möglichst vielen Schreibweisen oder eine ganze Geschichte)
oder . . . oder . . . oder . . .

Nach 15 Minuten gehen wir zum Schulhaus zurück, ruhig, fast andächtig, seltsam vereint durch die ge-

meinsame Erfahrung der lebendigen Ruhe des Waldes.
Im Schulzimmer schreiben wir unsere Werke ins reine. Die halbe Klasse ändert kaum ein Wort. Einige stellen noch um, kürzen, ergänzen. Andere fragen mich um Rat, denn sie wissen aus Erfahrung: über die Form lässt sich reden.
Jetzt lesen wir uns unsere Texte vor. Selbstverständlich schreibe ich immer mit. Allseitig Freude über die reiche Ernte. In meiner Freude gleich eine neue Idee: ich will versuchen, aus allen Gedichten ein gemeinsames zu machen. Der Kollektivtext soll nicht etwa die persönlichen Gedichte ersetzen; er soll etwas Zusätzliches werden.
Also: ich lese die Schülertexte noch einmal und notiere mir ohne grosse Überlegungen jene Stellen, die mir am meisten Eindruck machen, ein bis zwei Stellen aus jedem Gedicht. Nun versuche ich, diese zu ordnen, und siehe da: es ergeben sich sogar Strophen, und das ganze Gedicht wirkt erstaunlich geschlossen, wie aus einem Guss.
Wir beschliessen, das Gedicht zu setzen. Den Satz drucken wir auf selbstgeschöpftes Papier. Jedes rahmt einen schönen Druck (wie wir ab und zu auch besondere Zeichnungen und Gemälde rahmen).
Und da endlich das Gedicht selbst:

Oberschule Gurbrü

IM WALD

Ich sitze im Wald
auf einem kühlen Stein.
Die kühle, frische Waldluft
schmiegt sich an mich.
Tau fällt über dem Wald.
Manchmal steigt Pilzgeruch in meine Nase.

Eine Spinne klettert an ihrem Netz
von einem Strauch zum andern.
Der Kühe Glocken läuten schon
im Morgenlicht.
Ich höre einen Vogel zwitschern.
Was mag er wohl rufen?

Die grossen Bäume stehen nebeneinander
wie gute Nachbarn.
Überall am Boden
Nachwuchs für den Wald.
Die jungen Tannen stehen in Reih und Glied.
So passen sie nicht richtig in den Wald.

Ich höre die Vögel singen,
keiner singt gleich wie der andere
Neben mir eine Feder.
Wie schön sie ist!
Und da der Vogel dem sie gehört.
Will er sie wieder zurück?

Die Waldbewohner werden
still und stiller.
Die Blätter am Boden liegen da
wie ein bunter Teppich.
Bald werden sie überdeckt
von den diesjährigen.

So geht es schon lange.
Wird es noch lange so gehen?

**«I cha nid dichte,
drum tueni vo öppis anderem brichte»**

Eine Primarschulklasse aus dem Berner Seeland als Buchautor und Verleger

All Morgen ist ganz frisch und neu

7.30 Uhr in der Schulstube der Oberschule Gurbrü. Zehn Knaben und drei Mädchen sitzen an ihrem Pult, im Kreis, die 6. bis 9. Klasse, im hässlichen Neonlicht. Viele Bilder, Zeichnungen, Masken, Pflanzen und Posters bedecken das Grau der Zimmerwände. Da ist es dennoch, das Grau, besonders jetzt am frühen Morgen, in diesem Licht. Keine Schulglocke. Ich sage «Also» oder «Guete Morge» oder «Also, grüessech zäme». Ein schwaches Echo. Wie müde sie dasitzen! Wie verschlafen! Zur Hälfte Bauernkinder, doch sie müssen nicht mehr so viel mitarbeiten wie früher. Ich weiss, ich sollte nicht nachdenken, jetzt nicht, sondern handeln, und doch muss ich jetzt an meine erste Klasse denken, im Berner Oberland, vor 15 Jahren, in einer Gesamtschule im Schatten der Niesenkette. Die Kinder hatten schon vor der Schule zwei Stunden gearbeitet, sich schon einmal umgezogen und sassen dann hellwach da, den Stallgeruch in den Haaren. Das ist hier im Seeland jetzt anders; wer mag, erzählt etwas vom Fernsehspiel von gestern, etwas vom Krimi von gestern, etwas vom übertragenen Länderspiel von gestern. Andeutungen genügen, es haben ohnehin alle das gleiche auch gesehen. Dann sinken sie wieder zurück, spielen gedankenlos mit dem Kugelschreiber. – «Also!» Jammern über heute und schwärmen von früher hat keinen Sinn, aber ich weiss, jetzt hilft nur eines:

Arbeit, handfeste Arbeit; die Erfahrung, dass Arbeit hilft, trägt, weiterbringt; die Erfahrung, dass Arbeit gut ist und gut tut! Ab und zu mache ich sogar etwas, das ich noch vor zehn Jahren als milde Form von Folter empfunden habe: wir singen; mit rauher Kehle singen wir ein Lied, «La cloche du matin» oder «Fing mir eine Mücke heut». Wer singt, schläft nicht; wer zwischen zwei Sängern sitzt, erwacht vielleicht. Seemannsgebrumm ohne Weite und Salz auf der Zunge.

Das Wochenprogramm

Also an die Arbeit. Alle wissen schon, was sie zu tun haben. Manchmal haben einige, wenn ich ins Zimmer komme, schon angefangen; auch das kommt vor. Am Montag erhält jeder Schüler in den Fächern Mathematik, Deutsch und Lebenskunde einen Wochenauftrag, dazu kommt ein Teil des Zeichenunterrichts, das Wochengedicht, die Freien Texte und die Freie Arbeit. Täglich steht nun der halbe Vormittag für Wochenprogramm-Arbeiten zur freien Verfügung. So gibt es auch in der Mehrstufenklasse kein Warten auf den Lehrer mehr. Die Schüler lernen nach und nach ihre Arbeit einteilen, planen. Der langsame Schüler hat weniger Aufträge als der schnelle. Am Samstag sollen alle alles erledigt haben, am Samstag ernten wir, was anfangs Woche gesät, im Laufe der Woche gediehen ist. Aufträge für anspruchsvolle, kreative Arbeiten kann sich jedes über Tage hin durch den Kopf gehen lassen, bevor das erste Wort aufgeschrieben, der erste sichtbare Schritt getan wird. Deshalb wohl sind gerade Arbeiten in Deutsch im Durchschnitt merklich besser, gehaltvoller geworden. Sie sind nicht Zufallsprodukte einer festgesetzten Lektion, in der die Kinder, aus Angst nicht fertig zu werden, zu schreiben beginnen, bevor sie richtig wissen, was sie schreiben wollen.

YB isch suber

Wer seinen Schulalltag in diesem Ausmass verändert, zieht die Aufmerksamkeit vieler auf sich; da erntet man bald schon Zustimmung und Missgunst, Hilfsbereitschaft und vernichtende Kritik, Lob und üble Nachrede. Und einmal mehr stellen wir fest, wie widersprüchliche Erwartungen dem Lehrer das Leben schwer machen und ihn oft vor unlösbare Aufgaben stellen: Der grosse Wunsch vieler Eltern, die Schule möge genau so sein, wie sie selber Schule erfahren haben, denn was weit genug zurückliegt, verklärt sich zum lupenreinen Ideal. Zugleich die stets wachsende Erwartung an die Schule im Bereich der Erziehung, weil die Familie als Erzieherin mehr und mehr versagt, und die Schule auf diesem Sektor daher eine Defizitgarantie übernehmen soll.
Vergessen wir auch nicht, dass Eltern, Lehrer und Grossmütter bei weitem nicht die einzigen Erzieher sind. Ein Heer von heimlichen Erziehern umzingelt uns: unsere Wohnverhältnisse erziehen uns, unsere Konsumgewohnheiten, unsere kommerzialisierten Träume; das Auto erzieht uns, das Dorf; die Kinder erziehen sich in der Gruppe selber: «YB isch suber» erklärt unsere fünfjährige Tochter mir Verächter des Schausports und steckt den Nuggi, den sie vor den andern Kindern versteckt hat, wieder ins Maul. Sie weiss zwar noch nicht, was YB bedeutet, aber: YB isch suber!
Freilich, auch die Schule erzieht, passt an, aber nicht in jener Ausschliesslichkeit, wie Eltern oft meinen, wenn sie mit ihren Kindern Schwierigkeiten haben. Und doch: auch die Schule verpasst viele Chancen, auch sie passt in vielen Situationen gedankenlos an, statt die Erde zu lockern. Schule als Agentin der Norm statt als Entwicklungshelferin.

Da unsere Muttersprache ein Hauptträger von Erziehung und Unterricht ist, lohnt es sich sehr, immer wieder neu zu überdenken, was eigentlich im Deutschunterricht über die Jahre hin, von der 1. bis zur 9. Klasse, geschieht.

Im Anfang war das Wort

Wir Lehrer leiden an einem folgenschweren Gebrechen: unserer eigenen Verschulung. Warum haben wir abgebrühten Pädagogen den Sinn verloren für die fast magische Faszinationskraft, die ein Wort, und ganz besonders das geschriebene Wort, ausstrahlt? Warum nimmt nur so selten eine Lehrerin wahr, wie fast alle Erstklässler mit dem Ernst eines Zauberers ihre ersten Wörter schreiben, den ersten vollständigen Satz, die erste kleine Geschichte?
Die Freude am ersten eigenen Wort, gross auf ein unliniertes, weisses Blatt geschrieben: das Wort als Bild, als Kunstwerk, man sollte es einrahmen und an die Wand...; was sage ich da? Nein, auf eine Umdruckmatrize soll es geschrieben werden oder auf eine Wachsmatrize oder sogar gesetzt, mit Bleilettern, Buchstabe um Buchstabe, und dann gedruckt: ein Blatt für Mutter, ein Blatt für Vater, ein Blatt fürs Grosi, ein Blatt für Götti Hans, ein Blatt..., weil schon das erste eigene Wort empfangen, gehört, gelesen werden will!
Aber, o je, statt dessen muss das Wort in die Häuschen eingepasst werden, die Buchstaben mit exakt senkrechten Abstrichen und runden Bäuchen, wie es eben sein soll; und dann heisst es noch Brüke statt Brücke, und das «K» ist wieder schief, noch einmal neu; ja, jetzt ist es richtig, noch einmal und auf morgen die Tafel putzen.
Immer deutlicher die Frage im Kopf des Schülers: wozu lernen wir das? Und dann soll ich nicht immer mit

«dann» anfangen und nicht immer «sagen» sagen und
«Ding» heisse ohnehin nichts und ... dabei wollte ich
doch nur erzählen, wie das war, gestern, als wir auf
den Ballenberg fuhren, und dann auf der Heimfahrt,
auf der Autobahn, mitten in einem heftigen Gewitter
die Scheibenwischer stehenblieben.

Das grosse Unbehagen

Ich meine: das wissen wir Lehrer ja eigentlich schon
lange und wir wissen auch, dass dies so eigentlich nicht
gut ist, und nicht umsonst haben wir unser chronisches Unbehagen. Aber warum ändern wir nichts
grundlegend, wenn doch die Einsicht da ist?
Wir müssen ja schliesslich die Lehrplanforderungen
erfüllen; den Eltern gerecht werden; die Kinder aufs
Erwerbsleben vorbereiten. Wir müssen die Kinder immer irgendwohin bringen, dauernd sind wir mit ihnen
unterwegs, und je mehr wir uns beeilen, je mehr
Druck wir aufsetzen, antreiben, je grösser auch unsere
Furcht, dennoch das Ziel innert nützlicher Frist nicht
zu erreichen, um so weiter rückt das Ziel, das wir doch
einmal schon ziemlich klar vor uns gesehen haben,
weg, weiter weg, eine Ahnung bloss noch am Horizont,
und unsere Füsse werden schwer, Blei an den Sohlen,
die Hand des Schülers entgleitet uns, jeder Schritt
eine Riesenleistung: Angst!
Ein Vater: «Also in der fünften Klasse haben wir, meine
Frau und ich, praktisch felerfrei (!) geschrieben.» Eine
Mutter: «Wie der liest, also das ist ja nicht zum Anhören, und auch beim Schreiben, du meine Güte, der
bringt ja keinen einigermassen verständlichen Satz zustande, von der Schrift ganz zu schweigen.»
Ja, wir wissen es, wir Lehrer. Früher, da war alles anders, besser natürlich; da trug man Ärmelschoner in

der Schule und passte auf, man hat immer sauber geschrieben und etwas gelernt fürs Leben; im Sommer war es heiss, im Winter kalt und vor dem Schulexamen liessen sich die Buben mit Begeisterung bis über die Ohren kahlscheren. – Aber letztlich bringt es gar nichts, sich über solche Eltern zu ärgern oder sich über ihre herausgeputzten Erinnerungen lustig zu machen.
Was spielt sich da, nach immer gleichem Muster, ab?
Eltern und Lehrer wissen, sobald sie sich fragen, nicht so recht, ob das, was die Kinder lernen, wirklich genügt fürs Leben. Wahrscheinlich nicht. Man könnte jedenfalls noch mehr, bedeutend mehr. Also: mehr verlangen, strenger bewerten, gründlicher kontrollieren, hartnäckig beharren auf dem nun einmal Verlangten. Das heisst dann halt: falsche Wörter sechsmal richtig schreiben, statt nur dreimal. Jede Woche ein Diktat statt nur vierzehntäglich. Ein Aufsatz hat mindestens eine Doppelseite Länge, und bei ungenügender Note wird er noch einmal geschrieben, denn: Übung macht den Meister.
Resultat: Unlust steigend, Stil unerfreulich, Rechtschreibefehler anhaltend zuhauf.

Mein Gegenvorschlag

Wir Erzieher, Lehrer und Eltern, müssen unsere Kinder überhaupt nirgends hinführen, es sei denn zu sich selber.
Das könnte heissen: ich muss dem Kind nicht beibringen, wie man einen Zaunpfahl in steinigen Boden treibt; ich muss versuchen, es so stark zu machen, dass es vielleicht einmal auch Zaunpfähle einschlagen könnte; dass es sich sagen kann: wenn es sein müsste, könnte ich auch einen Zaun erstellen, es müsste mir ein Erfahrener höchstens noch seine Tricks verraten.

Das heisst: ermuntern statt einschüchtern, Freiräume statt Normenetüden, ein weisses Blatt statt Lückentexte. Arbeiten ausführen lassen, die unverwechselbare Ergebnisse bringen, Früchte: Schaut alle her, das habe ich geschrieben. Mit Wörtern gefüllte Lücken sind keine Frucht. Jeder Schüler will etwas leisten; vermag er nur wenig oder gar nichts zu leisten, ist er nicht selber schuld und darf mit unserer Hilfe rechnen, und eben nicht mit erhöhtem Anpassungsdruck.

«Im Zentrum steht der Schüler.» Das steht so oder ähnlich zwar in jedem fortschrittlichen Lehrplan, in jedem anständigen Lehrbuch der Pädagogik, wir haben auch alle zustimmend genickt, bloss haben wir, so scheint mir, oft noch nicht begriffen, was dies für den Unterricht konkret bedeutet.

Der Lehrer als Entdecker

Wie ein Mensch sich bewegt, sein Gang, seine Gebärden; was er sagt und wie er es sagt, seine Träume, seine Ängste; der Ausdruck seines Gesichts, sein Lachen; sein Umgang mit andern und noch viel mehr Äusserungen ergäben zusammengenommen ein Bild seines Wesens, seiner Seele.
So also ist auch die Sprache ein Spiegel der Seele.
Wir Lehrer müssen uns daher bewusst sein, dass wir, wenn wir die sprachschöpferischen Arbeiten eines Schülers bewerten, nicht bloss irgendeine angelernte Fertigkeit, ein von ihm losgelöstes Produkt bewerten: wir beurteilen und bewerten den Schüler, den Menschen selbst, eine Person in ihrer Einmaligkeit.
Es gibt also keine stilistisch guten oder schlechten Schüler, es sei denn, ich masse mir an, zwischen guten und schlechten Seelen zu unterscheiden. Wie der Schüler auch schreibt, es ist gut so, denn er soll aus sich heraus schreiben und nicht auf etwas hin.

Statt gleich mittels Farbstift das vermeintlich schiefe Bild in den Senkel zu bringen, habe ich mit jeder Arbeit, die der Schüler mir zeigt, Gelegenheit, etwas über ihn, etwas aus seinem Innersten heraus zu erfahren: der leidige Korrigierprozess wird plötzlich zur faszinierendsten Arbeit des Lehrers. Es gibt zwar keine Länder mehr zu entdecken; die Inseln, auch die kleinsten, sind gezählt, aber mit jeder geschriebenen Arbeit eines Schülers entdecke ich ein unverwechselbares Stück Land seiner Innenwelt.
Da kommt Hansruedi während einer Wochenprogramm-Stunde mit einem Gedichtentwurf zu mir an mein Pult. Das Gedicht: «Wenn ich eine Blume wäre», ein Wochenprogramm-Auftrag: schreibt in der Form eines Gedichts, welche Blume ihr sein möchtet, welche Blume eurem Wesen am besten entspricht und schreibt auch gleich warum. Also: «Wenn ich eine Blume wäre», schreibt Hansruedi, ein Neuntklässler, gross und breit und stark, ein stämmiger Bauernsohn, der schnellste Läufer der Klasse, «Wenn ich eine Blume wäre, dann wäre ich bestimmt ein Maiglöckchen ... » Ich halte inne: Hansruedi – ein Maiglöckchen? Je mehr ich nachdenke, um so sicherer bin ich, dass er «bestimmt» ein Maiglöckchen sein muss. Er hat es so aufgeschrieben, ohne Scham und Scheu, weil es so wahr und richtig ist. Und ich staune einmal mehr darüber, wie leicht wir uns von der «Schale» täuschen lassen.
Wir gewinnen nicht nur wertvolle Einblicke in die Welt unserer Schüler, wir gewinnen auch viel Zeit. Tausende von Arbeitsblättern mit Lückentexten und Wortschatzübungen zeigen sich als das, was sie sind: unnötiger Ballast, beleidigender Unfug.
Die Sprache ist ein Spiegel der Seele.
Ein zu einer Wortschatzübung verknurrter Schüler gleicht jener Dame, die bei der Morgentoilette das Ma-

ke-up auf ihr Spiegelbild, also auf das Spiegelglas statt auf ihre Haut, aufträgt.

Arbeit gibt zu tun

Meine Schüler müssen viel schreiben: Texte aller Art, wortspielerische, exakte, fantastische.
Zum Thema «Arbeit» schrieb die 7.–9. Klasse innerhalb von fünf Wochen folgendes:
Arbeiten mit Reinschrift:
- Mein zukünftiger Beruf
- Ein Arbeitstag meiner Mutter/meines Vaters
- Bewerbungsschreiben
- Lebenslauf (mit Maschine als Kopiervorlage)
- Antwort auf Brief eines Arbeitslosen
- Bericht über Waldgang mit Ornithologen
- Duettgeschichte, Thema Arbeit
- 2 Freie Texte

Als Notizen/Arbeitsgrundlagen:
- Persönliche Meinung zu Konflikt am Arbeitsplatz
- Stellensuche per Telefon (Merkzettel/Stichworte)
- Szenische Spiele zu Fabrikordnung von 1852
- Was tun gegen Arbeitslosigkeit

Das Wochenprogramm umfasst stets auch mindestens einen Leseauftrag. Ich stelle dazu schriftliche Fragen (Fragen als Hinweis auf zentrale Textstellen, Kontrolle des Textverständnisses, Aufforderung zu kritischer Auseinandersetzung mit dem Text, Hinweis auf sprachlich-stilistische Besonderheiten). Meine Fragen müssen schriftlich beantwortet werden. Am Samstag vergleichen und diskutieren wir die Antworten. In den fünf Wochen waren so 12 Texte aus «Lesezeichen» (Zürich 1978), «Lesen 2» (Bern 1979) und von mir selber zu lesen.

Legt ein Schüler mir eine Arbeit vor, lese ich den ganzen Text zuerst durch und lasse mich vom Inhalt und nicht von den Fehlern beeindrucken. Dann erst korrigiere ich beiläufig Rechtschreibefehler und grammatikalische Fehler, meistens mit dem Schüler zusammen. Ich erwähne laufend, was mir besonders gefällt, lache viel. Stilistisches wird nur geändert, wenn ein Satz, wie er dasteht, nicht das aussagt, was der Schüler sagen wollte, oder wenn er für andere Leser wahrscheinlich unverständlich oder missverständlich wäre.

So korrigierte Arbeiten werden stets ins reine geschrieben, denn auch der Bauer bringt das Heu, wenn es schon mal gemäht und trocken ist, ein und lässt es nicht auf dem Feld liegen. Reinschriften sind aber keine Endstationen, wie auch die Heubühne fürs Heu keine Endstation ist. Viele Arbeiten lesen wir einander vor, diskutieren manchmal darüber, hängen sie an der Wandzeitung aus, sprechen sie auf Band, verfilmen sie oder:
– nehmen sie in ein eigenes Buch auf.

«Pumaträume und Hühnergegacker»

heisst unser Buch, es hat 142 Seiten und ist zum Examen 1984 in einer Auflage von tausend Exemplaren erschienen.
Die Idee zu diesem Buch kommt von mir. Die erste Reaktion der Schüler: Ja also, schön. Ja, aber . . . Einige waren sich bald einig: «Das chöi mir doch nid.»
Ich glaube doch; das würden wir ja sehen, meinte ich.
Warum gleich ein Buch?
Eben, weil das geschriebene Wort Leser sucht.
Aber dann genügt eine gute Schülerzeitung ja auch.
Wir haben über Jahre regelmässig Schülerzeitungen geschrieben, auf dem Umdrucker gedruckt und im Dorf verkauft.

Bei Altpapiersammlungen tauchte dann da und dort eine unserer Zeitungen wieder auf. Je nach Art und Temperament war auch die Reaktion der Schüler verschieden.

Der Sensible: Unsere Schülerzeitung, einfach so weggeschmissen, zum Altpapier!

Der Geschäftstüchtige: Chömet, die verchoufe mir doch no einisch!

So ist das eben mit Zeitungen, man liest sie und legt sie zum Altpapier. Und daher mein Vorschlag: ein Buch. Ein Buch schmeisst man nicht weg, nachdem man es gelesen hat. Es bekommt einen schönen Platz in der besseren Stube und gelegentlich nimmt man es wieder zur Hand, blättert darin, findet Vertrautes wieder. «Ein halbes Kilo Erinnerungen», hat Hansruedi gesagt, auf die Frage, was ihm das Buch bedeute. Und vielleicht, wer weiss, kommen da und dort mit der Zeit noch andere Bücher dazu, zwar nicht unbedingt selbergemachte, aber solche, die man gerne liest.

Also gut: wir haben innerhalb des Wochenprogramms Arbeiten geschrieben, die, wenn sie geraten würden – so meine Erklärung –, ein Kapitel für unser Buch geben könnten. «Wir» sage ich und meine nicht jenes Krankenschwester-Wir, wenn es darum geht, Tabletten zu schlucken. Wir, das heisst die Schüler und ich selber, denn ich schreibe oft die Aufträge, die ich den Schülern erteile, mit. Dabei erfahre ich an mir selber, was und wieviel ich von den Schülern verlange. Mein Mittun kommt zudem dem kindlichen Gerechtigkeitssinn entgegen: ich brocke zwar regelmässig die Suppe ein, helfe sie aber auch auslöffeln. Und selbstverständlich haben auch meine Schüler längstens bemerkt, wieviel Wahres man durch Texte über den Schreiber erfährt; so stille ich nebenbei auch die gesunde Neugier meiner Schüler. Weil auch ich mich mitteile, sind sie viel eher bereit, etwas von sich zu geben. Dass mei-

ne Texte oft gekonnter wirken, scheint sie wenig zu stören, sie sind von den ihren so verschieden, wie auch ihre Texte untereinander verschieden sind; und nicht selten übrigens empfinde ich einen Schülertext ehrlich besser als den meinigen, und ich teile dies der Klasse auch mit Freude mit.
So ist im Laufe eines Schuljahres Kapitel um Kapitel unseres Buches entstanden:

- die Ich-Gedichte, illustriert mit Scherenschnitten
- die Gedichte «Wenn ich eine Blume wäre». Sehr gelungene Texte, finde ich, sind dabei entstanden, herausgeputzt noch durch die Linolschnitte der Schüler
- die Wald- und Herbstgedichte, nicht in der Schulstube geschrieben, nein, an Ort und Stelle, im kühlen Sommerwald, mitten in den kalten taunassen Feldern, als schöne Wahrnehmungs-Übung. «Öffnet weit all eure Sinne, lasst, was um euch ist, auf euch wirken, hört genau hin, schaut auch das Winzige und Unscheinbare an, riecht, fühlt – und schreibt ganz schnell etwas davon auf.»
- Geschichten, zum Beispiel die St.-Nikolaus-Geschichten; ich habe ihnen die Legende vom Heiligen Nikolaus vorgelesen und dann die Aufgabe gestellt: hebt den St. Nikolaus aus der Vergangenheit in unsere Zeit, wie sieht er heute aus, wie kommt er daher, was macht er heute
- Mundarttexte; Nonsens und anderes
- eine Auswahl aus den regelmässig verfassten Freien Texten, die vorerst an der Wandzeitung erscheinen.

Die Schüler haben auf meiner elektronischen Typen-

radmaschine mit Korrekturband (wichtig!) die Druckvorlagen getippt, mit zwei bis zehn Fingern. Ein Freund, Besitzer einer winzigen Kleinoffsetbude, hat uns dann tausend Exemplare gedruckt. Zwei Tage vor der Examenfeier 1984 lag das Buch fertig vor.
Die Neuntklässler verwalten den Verlag: Rechnungsbüro, Versand, Postcheck, Buchhaltung. Das Buch, obwohl ziemlich knapp kalkuliert, hat bereits zu rentieren begonnen, das heisst, die Kosten für Papier, Druck und die Herstellung der Bücher sind gedeckt, und wir haben es uns daher schon leisten können, Aquarien zu bauen, für jedes Kind ein 45-Liter-Aquarium mit Leuchte mit Pflanzen und drei Fischen, alles gratis, oder besser: selber verdient mit dem Buch. Seit 1986 liegt die zweite, erweiterte Auflage der «Pumaträume» vor.

Kunst und Können

Im Vorwort der «Pumaträume» habe ich geschrieben, dass meine Schüler mit ihrem Buch nichts Besonderes geleistet haben. Trotz des reichen Lobes und der grossen Komplimente aus dem ganzen Lande und sogar von jenseits der Landesgrenzen bin ich eigentlich noch heute der gleichen Meinung.
Nun ja, mit dem Intelligenz-Fiebermesser gemessen, hätte meine Klasse im Durchschnitt eher Untertemperatur. Doch Intelligenzquotienten sind in meiner Praxis fast ohne Bedeutung; um so bedeutungsvoller ist mir zu wissen, dass wir nur ernten können, was einmal gesät worden ist.
Vielen Lesern ist aufgefallen, wie locker meine Schüler offenbar zu schreiben vermögen; ihre Texte sind einfach, wirken aber unverkrampft. Der aufmerksame Leser stellt zudem fest, wie einzelne Schüler verblüffend sicher und wahrscheinlich bewusst stilistische

Formelemente verwenden; und dieser Leser ahnt natürlich, dass die Schüler diese Techniken nicht einfach aus der Schulstubenluft gegriffen haben.
Tatsächlich nicht. Wir haben für uns die Einrichtung des «Wochengedichts». Jede Woche schreiben wir ein Gedicht – sieben von zehn sind neue und neuste Texte von Zeitgenossen – in ein Heft, das «Gedichte und Gedanken» heisst. Einmal unter der Woche unterhalten wir uns kurz über das neue Gedicht, reden über Aussage und Machart. Da kam und kommt dann immer etwa wieder die Reaktion: «Das isch doch ke Kunscht, das chönnt i ömu o.» Darauf ein Schmunzeln meinerseits: «Ja klar, aber nicht nur sagen; machen!» So hat sich im Kopf der meisten Schüler nach und nach der Kunstbegriff gewandelt: sie sind zuerst schüchtern, dann zunehmend selbstbewusst in die heiligen Hallen der Kunst, die eben gar keine heiligen Hallen sind, sondern ganz einfach Freiraum für alle, eingetreten; sie entfernten sich damit von der dummen, aber weitverbreiteten Definition: Kunst ist nur, was ich selber nicht kann. Beifügen muss ich noch, dass ich nebst vielen wirklich guten Texten gelegentlich auch dürftige, unbeholfene verwendete. Dadurch wird selbst dem schwachen Schüler bewusst, dass die Künstler aus dem gleichen Holz geschnitzt sind wie sie, die Schüler.
Bei Halldór Laxness habe ich neulich einen wunderschönen Satz gelesen, der für Lehrer und Schüler gelten kann. Im Roman «Seelsorge am Gletscher» lässt er den Bischof von Reykjavík zu einem jungen Theologen, der an den eigenen Fähigkeiten zweifelt, sagen: «Zuerst muss man wollen; der Rest ist Technik.»
Oder noch verblüffender die Meinung von Marie Métrailler, der Weisen von Evolène: «Können und Wollen sind dasselbe.»

Habkern, 4. Oktober 1987

Lieber Heinrich Pestalozzi,

Eben ist die Sonne über den Hardergrat gestiegen, ihre Strahlen fallen mild und warm durch die Fensterscheiben auf meine Hände, auf mein Gesicht. Der Schutzwald am Hang gegenüber ist in schwarze Schatten getaucht; auf den Dächern, auf Gras und Bäumen hier glitzert der Tau. Vor dem Haus plätschert der Brunnen und aus dem Radio des Nachbarhauses wehen wehmütig die Klänge eines Chorgesangs herüber; Männerchormelancholie, gefühlvolle Ritardandi, Crescendi, der Schlussakkord ein mächtiger Feldblumenstrauss. Herbst in Habkern. Das Bergdorf, das Tal. Hier hat vor bald fünfzig Jahren einer gewirkt in Deinem Sinne: Fritz Jean Begert. Reich an Ideen und knapp an Geld, wie Du. Ein Lehrer mit der Gewissheit, dass das Leben uns lehrt, ohne Schulhaus, ohne Lektionen, ohne Stundenplan. Das Tal als Schulhaus, die Bevölkerung Lehrer und Lernende; Lernen als Tradition, Tradition als Stoff. Der Staat hat seine Schule, die Lombachschule, geschlossen, weil er pro Schüler nicht die geforderten Kubikmeter Schulraum zur Verfügung hatte und zu wenig Toiletten.
Du hast ja, wie er, noch die Latrine gekannt, draussen auf der Laube, am Haus. Seither sind die Ansprüche massiv gestiegen: zwei Wasserklosetts pro Wohnung sind heute eigentlich die Regel. Das kommt wohl daher, dass wir heute vorwiegend Scheisse produzieren, in der Schule, der Industrie, in der Erziehung, der Politik.
Er sah Dir übrigens ganz ähnlich, dieser Begert. Zwei so verschiedene Augen in einem Gesicht, ein beobachtendes und ein vorausträumendes; das eine sah die Kinder genau und das andere die Rechnungen nicht,

die Löcher in der Buchhaltung, die ihr beide nicht geführt habt, weil da selten etwas war, das hätte verbucht werden können.

Viel Zeit ist verflossen, seit Du gewirkt hast, im Birrfeld, in Stans, in Burgdorf, Yverdon. Die Berge sind dieselben geblieben, doch der Lombach hat sich tiefer eingefressen, der Graben ist breiter geworden, die Wälder lichter.
Geld wäre heute genug da, mehr als genug. Viele Vorschriften gibt es und wenig gute Ideen; es fehlt der Mut, dem Guten zum Durchbruch zu verhelfen. Warten auf den günstigen Augenblick. Warten.
Nicht immer werden historische Momente als solche wahrgenommen. Zum Beispiel als Du Dich mit von Fellenberg getroffen hast, draussen in Hofwil. Er kam hoch zu Ross, du kamst zu Fuss. Das sagt eigentlich schon alles.
Nach ihm heisst eine grosse, saftige Zwetschge, die Fellenberg-Zwetschge eben. Nach Dir hat man Schulhäuser benannt. Daraus könnte man leicht falsche Schlüsse ziehen. Dass man die Schulkasernen nach Dir benennt, ist wohl eher Ausdruck des schlechten Gewissens, denn was in «Deinen» Häusern verbrochen wird, Tag für Tag, ist wohl eher in von Fellenbergs Sinne.

Von Zeit zu Zeit kommt alles wieder, die Stöckelschuhe, das schwarze Leder; die Brillantine folgt dem Wildwuchs, dem Umbruch folgen die härteren Zeiten; in den psychiatrischen Kliniken lösen sich Christus, Hitler und Napoleon ab in der Weltherrschaft. Drogen halten sie in Zaum.
Doch längst nicht jeder ist interniert; ab und zu wird einer tatsächlich gewählt. Er wechselt, um nicht gleich aufzufallen, den Namen; füllt mit seiner Geschichte

Zeitungen und Massengräber, und irgendwann folgen Jahre, in denen man die Wahl wortreich bereut.

Wenn schon alles und jedes wiederkommt, sei doch nicht so bescheiden und komme auch Du wieder mal zurück.

Du wirst dann staunend feststellen, dass heute alles machbar ist. Nur das Machbare hat Wert.

Wenn Du also immer noch von «Werden» und «Werden lassen», von «Vertrauen in die keimenden Kräfte des Kindes» reden wirst, wird man Dich noch weniger verstehen als damals, vor bald zweihundert Jahren, denn wir sind gesellschaftlich voll im kleinkindlichen Unabhängigkeitstrotz.

«Säuber! Säuber!» ist unser Schlüsselwort.

Wir stolpern und stürzen zwar in einem fort, aber das kann unsern Glauben nicht erschüttern. Was wir da glauben, ist zwar längst nicht mehr christlich, doch dass der Zweifel frevelhaft sei, das ist uns geblieben. Darum machen wir tapfer weiter. Wir machen und zerstören dabei mehr, als uns gelingt. Was wir machen wollten, erreichen wir nie; doch weil wir gläubige Zerstörer sind, machen wir ruhig weiter und unser Gewissen bleibt unangetastet.

Falls Dir daran liegt, verstanden zu werden, wirst Du aus Deinem Vokabular vieles streichen müssen: «Hoffnung» zum Beispiel gibt es nicht mehr, wir haben jetzt diverse «Zukunftsperspektiven»; dem «Jüngsten Tag» sagen wir «Restrisiko». So ist er stets gegenwärtig. Das richtige Atmen lernen wir an Wochenendkursen. Alles ist machbar, änderbar, korrigierbar.

Du wirst also, wenn Du zurückkommst und im Sinne hast, auf Deinem angestammten Wirkungsfeld weiterzumachen, eindeutig mehr unternehmen müssen; nein, nicht mehr arbeiten, nur das nicht: Du musst Massnahmen treffen, strukturieren, anordnen, durchgreifen, Ordnung schaffen, denn die Natur, das

ist Dir in Deiner altgläubigen Verblendung wohl nie aufgefallen, die Natur ist immer unordentlich und daher unberechenbar, und genau darüber bist Du ja immer wieder gestolpert.
Also: mit Deinem ungeordneten und unordentlichen Kinderhaufen wirst Du heute erst recht nicht mehr durchkommen.
Du wirst also sofort abklären und zuweisen müssen. Von «debil» über «praktisch bildungsfähig», «normal begabt» und so weiter bis zur «Genialität» wirst Du einen ausgeklügelten Ordnungs- und Verordnungsraster vorfinden. Innerhalb der einzelnen Stufen wirst Du noch einmal differenzieren, nach verschiedenen Niveaus aufteilen müssen, denn dass der Mensch des Menschen Last ist, hast du selber ja schliesslich zur Genüge erfahren: wo immer möglich – separiere.
Item, dass da ohne Dein Zutun Kinder Kindern helfen, das geht selbstverständlich nicht mehr, dazu haben wir eine reiche Palette in Stütz- und Förderunterricht anzubieten, zudem einen bestqualifizierten kinderpsychologischen Dienst und für die ganz harten Fälle die kinderpsychiatrische Beobachtungsstation.

Ajajaj. Entschuldige meine zynischen Worte, meine Bitterkeit, meine Verzweiflung.
Ja, ich weiss, ich darf trotz allem nicht bitter werden.
Ich wünschte aber, dass Du wieder da wärst mit Deinem Glauben, Deiner Hoffnung, Deinem Vertrauen in das Gute.
Denn es gibt sie auch heute noch, selten freilich, jene Erzieher, die wollen, was Du wolltest; die glauben, was Du glaubtest; die hoffen, worauf auch Du gehofft hast. Doch damit wir uns mit unserer Hoffnung nicht selber betrügen, sollten wir noch um einige zahlreicher werden.

Nun steht die Sonne schon hoch über dem Grat, ich habe geschrieben und zwischen den einzelnen Sätzen oft lange nachgedacht; der steile Berghang gegenüber ist in Licht getaucht, erkennbar jetzt jeder einzelne Baum, jede Tanne; viel Dürres, Krankes; kahle Stellen, die Bäume vom Wind gefällt, Runsen, neue Risse ...
Tief aus dem Tal der Dreiklang des Posthorns, wohlvertraut.
Wie wäre es, wenn Du in zehn Minuten unten auf dem Dorfplatz aus dem Postauto steigen würdest?
Ich würde Dich erkennen und mich freuen.
        Mit freundlichen Grüssen
        Paul Michael Meyer

Literatur

zu Schule und Freiheit
Freire Paulo, Pädagogik der Unterdrückten, Kreuz-Verlag, Stuttgart 1970
Freire Paulo, Erziehung als Praxis der Freiheit, Kreuz-Verlag, Stuttgart 1974

zur Freinet-Pädagogik
Baillet Dietlinde, Freinet praktisch, Beltz Verlag, Weinheim 1983
Jörg Hans, Praxis der Freinet-Pädagogik, Verlag F. Schöningh, Paderborn 1981
Laun Roland, Freinet – 50 Jahre danach, bvb-cdition schmidt-herb & mehlig, Heidelberg 1983

zur Reformpädagogik allgemein
Röhrs Hermann (Hrsg.), Die Schulen der Reformpädagogik heute, Schwann Handbuch, Düsseldorf 1986

zum kreativen Schreiben mit Kindern
Mattenklott Gundel, Literarische Geselligkeit – Schreiben in der Schule, J.B. Metzler, Stuttgart 1979
Meyer Paul Michael (Hrsg.), Pumaträume und Hühnergegacker, Schülertexte, Selbstverlag, Bern 1986
Lipp Bertrand, Lacout Pierre (édit.), carré de soleil, textes et poèmes d'enfants et d'adolescents, Editions Ouverture, Romanel-sur-Lausanne 1978

Wem was schenken?

Den Fremdarbeitern
eine glückliche Heimreise
Den Russen und Amerikanern
10 Millionen Wasserpistolen
Dem Caesar mehr Mauseglück
Meinem Lehrmeister
viel Geduld und gute Nerven
Den Peruanern ein besseres Leben
Frau Holle ein kaputtes Kissen

Geschenkideen von Hansruedi (9. Kl.)

Und wem schenken Sie «Pumaträume»?

Bestellungen an:
Paul M. Meyer, Grauenstein 2
CH-3325 Hettiswil

Pädagogik bei Zytglogge

Eva Zeltners gelungene Mischung zwischen Biographie, systematischer Diskussion des pädagogischen Konzepts des Landerziehungsheims *Albisbrunn* und zahlreichen Porträts von Zöglingen lässt beim Lesen sowohl den Heimalltag als auch das Leben einer Lehrerin/Heimerzieherin, Psychologin und Pfarrersfrau aufscheinen. Als einziges Mädchen und als Tochter des Leiterehepaares wurde sie im Knabenheim Albisbrunn erzogen, und ihre Geschichte setzt mit zahlreichen Aperçus ein. Mit einem historischen Abriss über Albisbrunn sowie einer Würdigung der Arbeit ihrer Eltern, die dem Heim jahrelang vorgestanden waren (Vorgänger: Heinrich Hanselmann, Paul Moor), lässt die Autorin die Heimgeschichte neu entstehen. Verwundert es, wenn die junge Lehrerin dann ihre erste Stelle in Albisbrunn antritt? «*Heimschule ist Lebensschule*» schreibt sie, nachdem sie den «Seitenwechsel» vollzogen hat. Die Worte «Stellmesser» und «Siebenschläfer» werden für sie zu Symbolen der Aggressivität und der Friedfertigkeit «ihrer» Jungen. Durchbrochen wird Zeltners Skizze von Hinweisen zu aktuellen Problemen der Heimerziehung – bemerkenswert hier die sarkastischen Sätze zu den Anforderungen an Lehrer im Heim und zur Rolle der Lehrerin in einer männerdominierten Heimwelt. Ebenso aufschlussreich ist die hinterfragende Skizze der Heimerziehung in der Schweiz. Einfühlend, aber bestimmt berichtet Zeltner vom «Teufelskreis der drei R» – Repression, Rebellion, Resignation.

Neue Zürcher Zeitung